倒。叙。日●本。史 02

幕末 · 江户

〔日〕三谷博 矶田道史＝著

杨珍珍＝译

商务印书馆
The Commercial Press

2018年·北京

NHK SAKANOBORI NIHONSHI⑤

BAKUMATSU KIKI GA UNDA KYOKOKUICCHI

© 2011 Hiroshi Mitani

Originally published in Japan in 2011 by NHK Publishing, Inc.

Chinese translation rights in simplified characters arranged with

NHK Publishing, Inc. through Japan UNI Agency, Inc., Tokyo

NHK SAKANOBORI NIHONSHI⑥

EDO "TENKA TAIHEI"NO ISHIZUE

© 2012 Michifumi Isoda

Originally published in Japan in 2012 by NHK Publishing, Inc.

Chinese translation rights in simplified characters arranged with

NHK Publishing, Inc. through Japan UNI Agency, Inc., Tokyo

目　录

幕末：危机孕育的举国一致

1

江户："天下泰平"之根基

幕末：危机孕育的举国一致

三谷博　著

前　言

　　现代日本的起点是明治维新。德川幕府倒台，建立起以天皇为中心的明治日本。这是众所周知的事实，但为何会如此，却并非尽人皆知。而且，明治维新并非单纯的王政复古。如果维新只是止步于王政复古的话，那么，它便不会成为对于生活在21世纪的我们而言具有重大意义的事件。

　　本书倒叙了以王政复古为终点的幕末史。从王政复古开始，回溯第二次征讨长州、樱田门外之变、佩里来航，是德川幕府丧失权力的历史。但是，要追问为何会如此，单单考察"尊攘派"的"倒幕"运动是无法得出结论的。

　　广览幕末人们遗留下来的史料，我们会发现他们都有一个共同之处，那便是对西洋都具有危机意识，认为有必要将近似联邦国家的日本整合为统一的国家，换言之便是以"举国一致"为目标。为了挽救日本，他们寻求"公

3

论"与集结的核心。"王政复古"是他们摸索的结果，但他们的课题却并未就此完结。

对于东日本大地震后为了重建日本而日夜奋斗的人们，我想将来自幕末先辈们的激励赠予他们。

三谷博

王政复古·维新的选择

1867

在"重回神武创业之初"的旗号下，排除所有旧势力使得明治大改革成为可能。

转折点◎《王政复古大号令》

1867 《萨土盟约》

  萨长同盟（《萨长出兵盟约》）

  讨幕的密敕

  大政奉还

转折点① **《王政复古大号令》**

1868 鸟羽、伏见之战（戊辰战争爆发）

  《五条誓文》

  奥羽越列藩同盟成立

1869 版籍奉还

1871 废藩置县

《王政复古大号令》（部分/早稻田大学图书馆藏）

岩仓具视的"天下一新之策"

本书主要探讨的是自佩里来航以降的幕末至德川幕府崩溃、明治维新实施的时代，即通常被称为"幕末维新"的时代，称其为日本史上最大的变革时代也未尝不可。

第一章主要围绕庆应三年十二月九日（1868年1月3日）开始实行的《王政复古大号令》进行探讨。在此将其定位为时代的转折点，梳理一下时代的巨大变动。

何谓王政复古？相信对此会有很多答案，但简单说来，可以将其理解为创建以天皇为中心的政治体制。佩里来航之后的情势将在第三章中详细论述，尤其是1858年安政五年政变以来，日本的政治极为混乱，德川幕府的权威与统治力降到谷底。以旧有幕府为中心的联邦国家体制在日本已然无以为继，这一点在关心国家及政治的有志人士之间已是常识。

抛弃旧体制，树立新体制。这种想法逐渐蔓延至全国，将人们的注意力引向政治运动。而这又成为重大的体制改革即明治维新的重要原因。

这一系列动向的实现过程中承担着核心作用的，是岩仓具视。岩仓是公家堀河康亲的次子，生于文政八年（1825年）。因为是次子，不能继承家督称号，但由于他年纪轻轻便崭露头角，被送作岩仓家的养子。但是，这个岩仓家只是继承了村上源氏久我家的旁系，是家禄不过150石的下级公家。

岩仓于安政四年（1857年）被提拔为孝明天皇的近侍。之后，岩仓为调和在安政五年政变中日益紧张的朝廷与幕府的关系绞尽脑汁，并多方奔走促成天皇之妹和宫与将军德川家茂的婚姻。和宫下嫁最终得以实现，但岩仓却遭到对幕府抱有敌意的尊王攘夷派与朝廷上层公家双方的厌恶与憎恨，被命令辞去官职，剃发出家，并被驱逐出京都，被迫在京都北郊的岩仓村隐居。

另一方面，幕府苦心思索如何应对倒幕态度日渐强烈的长州，两度征讨长州（第一次、第二次幕长战争）。然而第二次征讨以彻底的失败告终，幕府权威由此丧失，导致世人对其政权承担能力产生怀疑。

至此地步，期待着卷土重来的岩仓意识到旧有的公武合体政策的局限性，转而立志构建新的政治体制。虽尚属流放之身，但庆应二年八月他还是向天皇递呈意见书《天下一新之策密奏书》。在意见书中，岩仓表示"由朝廷施行国政"，"极具天下之公议正论"，"天下一新之机会已然成熟"，认为要求幕府返还政权、在天皇领导下广泛讨论运作政治的体制已是非常必要。

在幕末政界，幕府的权力源自朝廷"委任"的"大政委任论"是主流认识。事实上，德川幕府是通过关原之战等战争赢得了大名们的服从，并取得了对日本全国的军事司令权，因而，从朝廷获得征夷大将军等官职不过是表面的摆设而已。然而江户时代后期，日本真正之主乃是天皇这样的思想经由国学广为流传，幕府自身也部分地利用了这个思想。然而，上述思想其实很容易被反过来理解，那便是如果幕府缺乏统治能力，就应该将政权交还给朝廷。

认可岩仓的上述意见并与他采取相同步调的，是萨摩的大久保利通。大久保利通受到萨摩藩藩主岛津茂久（之后的忠义）之父、事实上的最高权力者岛津久光的赏识，在萨摩藩担任要职。岩仓暗中与大久保碰面，通过他与萨摩达成合作，更推动天皇采用"天下一新之策"，着手准备创建新秩序以取代失去统治能力的幕府。

政治体制的三大选择项

另一方面，因为丧失权威而遭受重创的幕府为了存活下去开始多方筹措。庆应二年十二月（1867年1月）就任第十五代将军之职的德川庆喜试图加强长期以来与法国的关系，将其争取为恢复幕权的后盾。但是，庆喜就任将军之职后，一直要求幕府攘夷并考虑在以幕府为政治中心的基础上推行公武协调体制的孝明天皇驾崩了。

　　德川庆喜决定以孝明天皇驾崩为转机，一举逆转幕府权力丧失的局面，确立朝廷与幕府联合的强大权力机构。然而，幕府并非磐石一块，对于上任将军家茂的竞争对手德川庆喜成为将军、掌握幕府实权存在着反感情绪的人不在少数。

　　庆喜反过来利用因为"征讨长州"造成的幕府的危机状况，强化自己在幕府内部的领导力，效仿法国创办陆军并推行创建陆军所必要的行政财政组织改革。同时，他还考虑实行由将军担任年幼的天皇的摄政之策，试图树立超越公武合体的所谓公武融合的新体制。对于岩仓及刚刚结为同志关系的萨摩、长州而言，庆喜的存在是一个巨大的威胁。

　　当时幕政上最大的悬案是兵库开港的敕许问题。幕府承诺诸外国，以庆应三年十二月七日（1868年1月1日）为期限，实现兵库港开港，但一直未能取得天皇的敕许。当时，代表萨摩藩与朝廷、幕府及其他诸藩进行谈判的大久保利通试图将兵库开港的相关外交问题用作内政的道具。换言之便是，一边破坏幕府接二连三的敕许请求，同时主张敕许必须经过强藩的协商。萨摩的目的是利用这个难题将全国的决定权移交给大名会议。

　　大久保筹划召开由岛津久光（萨摩）、松平春岳（越前）、山内容堂（土佐）、伊达宗城（宇和岛）等强藩代表（旧藩主等）参加的贤侯会议。庆喜将此次贤侯会议视为驯服具有反抗情绪的强藩的好机会，于他而言此举可谓东风。庆应三年五月，四位贤侯与庆喜就兵库开港与处置长州两大问题展开激烈讨论。萨摩的岛津久光与越前联合，主张赦免长州并复其权，并希望由此树立强藩联合牵头的"公议"政体。然而，山内容堂对萨摩赤裸裸的权力追逐甚为不满，提前从贤侯会议退出并返回自己的领地。以此为肇端，会议走向决裂。庆喜说服朝廷同意兵库开港，推后对长州的赦免，将萨摩、越前的主张置之度外。

事实上，直到本次四侯会议以决裂告终为止，萨摩也并非真心想要"倒幕"。综合考虑当时的状况，对于将来的政治体制大致分来共有三个选择项：

① 继续幕府的专制。
② 树立以德川宗家为中心的公议体制。
③ 树立不包括德川宗家的公议体制。

选择项①是会津、桑名等之前在京都担任幕府代表的藩、幕府直属的旗本们所期待的政治体制。因为该选择项实质上是支持由德川一门继续掌握实权，所以未能赢得上述势力之外的其他势力的支持。

● 德川幕府的未来——三种可能性　庆应三年（1867年）

佩里来航以降，日益失去民众信赖的幕府权威由于第二次征讨长州大败而跌落谷底。但是，新就任将军的德川庆喜创设法式陆军，同时着手行政改革，谋求建立公武融合的新体制。

1866年受幕府邀请来到日本的法国军事顾问团

主要的政治体制

①	继续幕府的专制	会津藩和桑名藩、幕府直属的旗本	旧有的政治体制
②	树立以德川宗家为中心的公议体制	德川庆喜、土佐藩、尾张藩、越前藩等强藩	由强藩协商决定政治事项，德川宗家主宰的政治体制
③	树立不包括德川宗家的公议体制	萨摩藩、长州藩、岩仓具视	由强藩及朝廷的有实力者决定国政的政治体制

希望由德川幕府独占政治的①其支持阶层有限，将德川宗家排除出政治的③也并不占多数，即便是萨摩藩内，最初岛津久光也支持②，意见并不统一

在德川内部，使强藩参与政治成为可能的②的支持者最多

选择项②是将军德川庆喜所期待的状态。根据这个体制，由既拥有实力又具备强烈参政意愿的强藩与部分公家协商决定全国性事宜，而德川家则主宰一切。从整个日本来看，支持该选择项的大名、武士最多。

选择项③则是排除德川宗家，由强藩及朝廷的有实力者协商解决国政的体制。这是萨摩、长州及岩仓所期望的政治体制，也是最为新颖的政治构想。

然而虽是如此，③的政治构想，比如在大久保的出身地萨摩藩中也并不占主流。甚至就连掌握藩政实权的久光也认可在德川家领导下的公议体制。将德川家完全排挤出政治的想法成为主流是那之后的事情，至少在此阶段，人们仍认为唯有德川宗家能够担任日本整体的统合主体。强藩的实力者们所祈求的是在此国难时期自己能够参与政治的公议体制。

但是，通过庆应三年四侯会议的失败，岛津久光深刻地认识到幕府＝庆喜并无与诸藩共同运作政治的想法，对幕府彻底失望。至此才下定决心调整藩的方针，向同岩仓合作倒幕的大久保、西乡靠近。

《王政复古大号令》的由来

大久保等萨摩的激进派开始了武力倒幕的具体行动。

● 四侯会议的决裂——走向倒幕之路

主张"或得兵库开港的敕许，必须要经过强藩的协商"，策划召开贤侯会议

大久保利通（萨摩）

德川庆喜

判定此乃让具有反抗情绪的强藩驯服的好机会

其目的是做好将国家政治的决定权移交至大名会议的铺垫

庆应三年（1867年）五月　四侯会议召开

议题
●兵库开港　●处分长州

伊达宗城（宇和岛）

岛津久光（萨摩）

松平春岳（越前）

山内容堂（土佐）

决裂
岛津久光对幕府（德川庆喜）失望

藩论一致倒向萨摩藩、大久保利通和西乡隆盛们所谋求的倒幕方针

说是倒幕，但是单凭萨摩一藩在战力上是无法与幕府对抗的。虽说权威跌落，但是德川庆喜着力扩大强化洋式部队，同时仍然保有亲藩及谱代大名的支持。故而，联合有实力的诸藩形成多数派就成为当务之急。

他们的第一个对象是自早以前便与萨摩在意愿上有龃龉的土佐。庆应三年（1867年）六月二十二日与土佐的后藤象二郎等缔结盟约（《萨土盟约》）。他们并不决定以何种具体方法从德川手中夺权，仅谋求在以天皇为中心、树立"公议"政体这个政治目标方面互相合作。不与土佐为敌目的也在于此。另一方面，同年九月，大久保等与长州缔结出兵协定。这便是所谓第二次萨长同盟。本次萨长同盟是以前一年在土佐藩脱藩浪士坂本龙马与中冈慎太郎的斡旋下达成的《萨长盟约》为基础，更进一步深化而成，其战略是与长州合作攻打京城，挟持天皇以西日本为据点继续与幕府作战。为了巩固九州地区，他们将长州的邻邦安艺藩（广岛藩浅野家）也拉了进来。

终于，十月十四日，在岩仓的推动下，天皇向萨摩藩主父子（藩主茂久与其父久光）、长州藩主父子（藩主毛利敬亲与世子定广）分别下达了"讨幕密敕"。其文面中甚至出现了"殄戮（赶尽杀绝）贼臣庆喜"这样的激烈措辞。虽然，作为打开政治胶着局面的手段，越前的松平春岳及幕臣大久保一翁早已提倡应实现"幕府将受朝廷委

● 庆应三年（1867年）十月十四日的萨长与德川

讨幕密敕

在岩仓的推动下，天皇向萨摩藩主父子、长州藩主父子分别下达了"讨幕密敕"。其中有"殄戮贼臣庆喜"的说法。据此密敕，萨长的倒幕出兵有了名正言顺的理由。照片是下达给长州藩毛利家的密敕（毛利博物馆藏）

大政奉还

同日，德川庆喜上奏"大政奉还"。将受天皇委任的政权返还给天皇，在天皇的领导下推行公议政体，在此基础上谋求掌握会议主导权。照片是在上奏的前一日，将在京诸藩的重臣召集至二条城，告知他们大政奉还事宜的庆喜（《大政奉还》，邨田丹陵画，圣德纪念绘画馆藏）

派的政权返还给朝廷"的大政奉还，但推动庆喜最终决定
奉还大政的，是土佐的献策。土佐是最忠心支持德川的强
藩，现在即便是它也无法继续容忍德川的专制，这个事
实是很有冲击力和说服力的。正如对刚刚提到的《萨长
盟约》的实现起到很大作用的坂本龙马在其著作《船中八
策》所载，德川主宰下的公议政体构想得到了世间的广泛
支持。

通过大政奉还，政治体制变为在天皇领导下的"公
议"政体，这已然是图穷匕见的必然走向。庆喜希望通过
此举，将更多的藩拉拢为自己的支持者，土佐藩自不必
说，近来越来越多地与萨摩藩采取共同步调的越前藩、虽
为御三家却对德川宗家持批判态度的尾张藩等有实力的亲
藩都是其争取的对象。另外，虽然名为"公议"政体，但
所有人都明了，公家既不具备实际承担政权的实务能力，
也没有保证政治能力的军事力量，庆喜希望通过实际控制
本次会议的手段，达到无名有实的目的。

而另一方面，萨摩藩内对武力倒幕也存在着反对意
见，导致出兵延缓，并由此导致长州也推迟了举兵计划。
由于庆喜的大政奉还策略，使得岩仓及大久保主导的倒幕
计划看来似乎遭遇了挫败。但从结果来看，大政奉还对于
萨摩及长州的激进派而言是一大好事。之所以这么说，是
因为大久保、西乡及小松带刀等人一齐返回萨摩，促成出

兵。他们利用了朝廷为讨论大政奉还后的体制而将大藩藩主召集至京都的这个好机会。如果说是为了举兵的话，则很难说服藩内其他人，但如果以保护参加会议的藩主为名义的话，任何人都无法反对，将大量士兵送入京都也就成为可能。

依靠集结在京都的萨兵，再加上应该马上便会抵达的长州兵力，岩仓具视采取了如下措施：在以德川庆喜为中心的大诸侯会议开始之前，岩仓先发制人，在朝廷内首先发动武装政变。

庆应三年十二月九日，从前日一直持续到当天清晨的朝议中，决定给长州复权（恢复藩主父子的官位、允许其入京）、赦免岩仓及亲长州派的公家，朝议结束，公家退出皇宫。随后，岩仓率领以萨摩为首包括土佐、尾张、越前、安艺四藩的兵力封闭皇宫各门，即便是摄政等上层公家也被禁止入内。之后，刚刚获得赦免的岩仓亲自觐见天皇，与相同志向的公家一起上奏表示应建立新政府。《王政复古大号令》得到天皇的批准，决定废除摄政、关白，新设置总裁、议定、参与三职位，同日傍晚开始在天皇面前召开由早已受召候旨的公家、大名们参加的小御所会议。

岩仓在本次会议上主张将德川庆喜降官纳地，即降一等官位、追究其罪状并将领地返还天皇。然而，希望建立包括德川宗家在内的公议政体的土佐山内容堂对此却强烈反对，而越前、尾张表示支持容堂。其实原本容堂就质疑为何庆喜没有参加此次会议，但岩仓抓住容堂的失言驳倒了他，最终双方相互妥协同意将庆喜的降官纳地改为辞官纳地，并解除会津、桑名两藩的京都守护职、所司代之职，对于德川一方的处罚就此决定，基于大号令框架成立的王政复古新政府由此起步。

"王政复古"的真意

所谓的《王政复古大号令》宣称将如此修改政体：

① 德川庆喜大政返上，敕许将军辞职。
② 废除摄政、关白。
③ 废除幕府。
④ 废除京都守护职、京都所司代。
⑤ 新设置总裁、议定、参与三个职位。

德川家独占政治权力的政治体制已然走到了尽头，这是当时有力诸侯及志士的共同认识。但是，他们大多像土佐的山内容堂一样，尚未从德川宗家以某种形式参与政权这个"常识"中抽离出来。

　　而相反，岩仓及大久保却认为即便庆喜辞去将军之职、公议政体起步，只要德川家居于政权中心，便无法推动日本走上大改革之路。目睹大政奉还过程中德川庆喜杰出的判断力，他们的上述担心就变成了现实。在岩仓、大久保看来，为了真正实现在天皇身边集结全国诸藩、诸士力量的"举国一致"，哪怕是一时也好，必须要将德川家排除到政权之外。为此，他们只能硬起胆子冒着武力冲突的危险果断实施政变，以此彻底改变朝廷内外的意识。

　　在此，我们介绍一下《王政复古大号令》的核心条款：

　　　　原自癸丑以来，遭蒙未曾有之国难，先帝频年为之所苦，扰虑之情当众庶所知。因此，圣意已决，实行王政复古，树立挽回国危之基。自此废除摄关、幕府等，先暂设总裁、议定、参与三职，使之处理万机。诸事应按神武创业之始，无缙绅、武士、堂上、地下之别，皆需尽力发表至当之公议。圣意欲与天下同休戚。故望各自勉励，一扫旧来骄惰之陋习，以尽忠报国之诚意努力奉公为要。

　　在否定幕府、构建新政治体系之际使用"复古"的文言，现在看来或许有不协调感。但是，细看下划线部分便可了解，回溯至神武天皇的创业年代，立于公家、武家皆不存在的时代，这才是王政复古的真意。换言之，不仅是幕府，甚至将平安时代开始出现的摄关制、律令制也排除掉，没有身份的上下之别，人们都以平等的立场尽情公议，以此运作今后的日本政治，这是一个非常卓越的政治理念——这便是《王政复古大号令》。

事实上，策划并促成政变的大久保及西乡在之前的政治体制中，根本连与天皇直接交谈的资格都没有，身为天皇近侍的岩仓在朝廷的正式会议中不具备发言的身份。虽然实现四民平等是在那之后的事情，但从"无缙绅、武士、堂上、地下之别"即没有公家武家之别、无关官位之高低这样的说法中，可以感受到试图取消近世之前严格的身份秩序=与生俱来的身份差别制度的意识，这是近代意识的萌芽。

围绕王政复古所产生的意识、思考方法不久也得到全日本的武士、庶民的认可。随着以佩里来航为代表的事件所带来的对外危机感的累积，人们深切感受到，之前由两百数十个藩分治的国家必须要集结为统一的国家。而且，至近世为止，日本采取的是作为武家政权的幕府与以天皇为中心的宫廷两大政治体制的"核心"并立的政体，这在全世界也未见有同类。将"核心"集中于一处，将分散的诸藩也整合在此唯一核心的领导之下，通过建立统一国家

● 为树立新体制的王政复古——驱逐德川的政变

《王政复古大号令》

庆应三年十二月九日（1868年1月3日），禁止德川庆喜及亲幕派进入皇宫后，为创建新政府的政变正式被推行。在小御所召开的御前会议上，主张应让庆喜参加会议的山内容堂与岩仓具视激烈政论的情形（《王政复古》，岛田墨仙画，圣德纪念绘画馆藏）

要求"诸事应按神武创业之始，无缙绅、武士、堂上、地下之别，皆需尽力发表至当之公议"的《王政复古大号令》。"王政复古"、"摄关幕府废绝"的字样清晰可见（部分/早稻田大学图书馆藏）

为何必须要政变？

即便实现了公议体制，只要德川位于其中心位置，则旧体制就有原封不动维持下去的可能性。如此将无法实现大胆的改革

通过王政复古，排除了过去的权力、权威

来对抗来自诸外国、列强的威胁，这个意识在幕末长达十年的政治斗争中广泛渗透至国内。同时，人们还达成了一个共同的认识，那便是居于上述统一国家中心的，只能是由其权威得到神武创业以来流传至今的传统——即便这只是神话也好——保障的天皇。基于此，王政复古这个说法才顺利为人们所接受。

提到天皇中心的政治，人们首先会想到天皇亲政即天皇本人主导政治的体制。具体说来，应该会有很多人想到实行了建武新政的后醍醐天皇。但是幕末，即便是在王政复古论者中，对后醍醐天皇的评价也并不高。比如，尊王倒幕运动急先锋、久留米的神官真木和泉就认为必须要从后醍醐的失败中吸取经验，尊重作为实际支配者的武家的意志。岩仓也认为天皇不同于德川将军及萨摩、长州等大名，没有私心，故而可以担当日本再统一的决定者。虽然他们在话语中对将天皇亲政作为理想，但那并非是让天皇做决定的意思。事实上，在他们的真实意识中，用现在的话来说，将天皇当作国民统一的"象征"是最为理想的状态。

《王政复古大号令》提到"尽力发表至当之公议"，可见其对论争的重视。换言之，在此丝毫没有天皇独裁的意识。但时至之后的昭和时代，只要出现天皇的名字，立即被禁止反驳的风潮甚嚣尘上。结合天皇机关说论争及明治的南北朝正闰论争的例子，便可理解天皇被利用来封锁言论的事实。

但是幕末时期，通过祭出天皇之名，原本不能发言的人也可以很容易便发言，自己也可以参与国家建设，上述非常正面的形象更加广为人知。虽然挑战天皇权威尚不可能，然而，只要团结在天皇的统治之下便可参加国家建设，自己也能够承担公共责任，上述新时代的理想给予当时的人们以很大的希望及勇气，这一点毫无疑问。

旧幕府势力的抗拒

那么，王政复古宣言之后的政治状况有何变化呢？

虽然德川庆喜的辞官纳地处分被定下来，政变取得了成功，但德川一方的政治势力依然不容忽视，新政府不过是临时拼凑而已。在这种不稳定的政治形势下，德川庆喜为避免军事冲突，于十二月十二日与坚定要求德川一门独占政权的会津、桑名暂时从京都撤退至大阪，将善后工作交给新政府内的尾张、越前、土佐等亲德川的公议政体论者。事实上，到年末之前，原本意味着惩罚德川的"纳地"被脱胎换骨更换为根据俸禄按一定比例由诸大名共同交纳新政府费用，而庆喜则根据协定加入新政府。由此，由于政变看来似乎被剥夺了的德川庆喜的政治、经济地位大多得到恢复，如果他能够上京的话，甚至有按照大政奉还时期的预想居于政权中心的可能性。朝廷中亲近岩仓的人也不断减少。

另一方面，在彼时的江户，为了获得倒幕的大义名分，萨摩纠合浪士采取放火、抢夺等挑衅行为。幕府（王政复古以降称旧幕府）为此大为恼火，十二月二十五日，命令庄内藩等攻击萨摩藩邸。江户中，"萨摩可憎，应讨伐萨摩"的呼声日益高涨，他们中的一部分人趁势奔向大阪。

集结于大阪的旧幕府军适时解读了庆喜的沉默，与会津、桑名藩兵谋划武装上洛。对于政变之后对政治形势的后退深感焦虑的萨摩、长州而言，真是求之不得的好机会。在缔结出兵协定之际，萨长就已经考虑过与天皇一同逃脱至九州的可能性。一旦开战，政治妥协便宣告破产，即便在战争中失败也仍可在九州继续战斗，在此期间应该还可以以天皇为名义联合诸大名。他们在确保天皇安全的前提下，在京都南郊的鸟羽、伏见迎击旧幕府军。彼时，新政府军高举象征朝廷军的"锦旗"，以此向天下宣告自己的正统性。

单纯从兵力来看，旧幕府军的优势不可撼动。然而，旧幕府军主要目标是夸耀势力、威吓京都，而萨长一方却为战争赌上了命运。这样的两军相遇，其结果就是新政府

● 新政治的基本方针——举国一致的思想准备

国是《五条誓文》

庆应四年（1868年）三月十四日，天皇在紫宸殿，在神前宣布作为维新政治基本方针的《五条誓文》，之后在《太政官日志》中公开公布（《五条誓文》，乾南阳画，圣德纪念绘画馆藏）

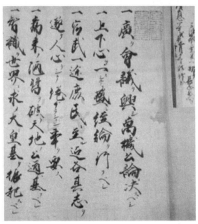

一 广兴会议，万机决于公议

一 上下一心，大展经纶

一 官武一体以至庶民，各遂其志，务使人心不倦

一 破历来之旧习，基于天地之公道

一 求知识于世界，大力振兴皇基

（宫内厅书陵部藏）

明治维新成功的秘诀是？

全体国民都共有对遭受西欧诸国侵略的恐惧

| 倒幕派也希望将牺牲控制在最小，尽量避免无益的战争 | 所有人都深感"公论"的必要性，"上下一心"对抗危机 | 仅凭公议很难决定，通过王政使新政策的汇总、决定成为可能 |

军取得了意想不到的巨大胜利。如此一来，一直在观望战局的在京诸大名纷纷决定加入新政府军。而德川庆喜一逃回江户，西日本的诸大名也迅速倾向于支持新政府军，参加到对已然成为"政敌"的旧幕府军的征讨之中。

之后，庆喜在江户表达了恭顺新政府的意向，沦落在上野宽永寺，后又在水户遭到幽禁。虽然新政府组织起东征军做出攻打江户的姿态，但最终通过西乡隆盛与旧幕府的陆军总裁、被委以全权的胜海舟的谈判，江户总攻击得以避免，庆喜得以存命，德川家得以存续，四月，江户和平开城。

鸟羽、伏见之战后的三月十四日，在京都御所的紫宸殿内，明治天皇对诸神发誓遵守维新的"国是五条"即所谓的《五条誓文》，后将此作为最初的宪法"政体"广泛公布。其开头有"广兴会议，万机取决于公论"的文言，宣告通过公论即光明正大的讨论运作政治。读来可知，《王政复古大号令》的精神在此也有存续。

德川家的家督由御三卿田安家的家达继承，作为藩主被移封至静冈。不久后很多幕臣也移居静冈。而新政府则对拒绝推行公议政体但与德川庆喜方针已然不同的会津、桑名以及作为火攻萨摩藩邸中心力量的庄内藩，摆出继续"讨伐"的姿态，命令他们降伏、恭顺。

与之相对，东北诸藩与部分旧德川家臣缔结奥羽越列藩同盟，后北越诸藩也加入组成奥羽越列藩同盟，呈现出与新政府军对抗的态势。但是，由于最为重要的旧德川将军已然顺从于新政府，同盟未能维持强大的向心力与团结力。是年九月，会津陷落，翌年的明治二年（1869年）五月，固守箱馆五棱郭、自称"虾夷共和国"政府的榎本武扬等旧幕府势力也最终降伏，始于鸟羽、伏见之战的一系列戊辰战争宣告结束。

天皇与近代政治的联合

但是，虽然经过了上述一系列内战，但从整体看来，明治维新可谓是仅出现比较少的牺牲者便得以实现的"革命"。据推测，即便加上明治十年（1877年）由萨摩士族反叛新政府的最大士族叛乱西南战争，明治维新的牺牲者也不会超过三万人。与时间上比较接近的法国大革命相比，这是一个极小的数字。大革命开始之际的法国人口约为维新期的日本人口的80%，但历经推翻君主制的政变及镇压农民叛乱等内战再加上处以极刑的人，据信共有约60多万名牺牲者。据说在伴随着革命产生的对外战争中牺牲者的数目更是达到上述数值的一倍以上，可见日法两国牺牲者的数目相差悬殊。

出现这种现象主要的一个原因是，虽然明治维新在最终阶段演化为推翻幕府的革命，但其本来目的是防范西洋诸国的侵略之故。当然，其中也有诸如长州的吉田松阴门下诸人一样，因为在安政大狱中受到政府的镇压而心怀憎恨、以倒幕为目标的人，但当时在政界占有一席之位的人大多不是以推翻德川幕府为目标。比如，现在或许已被人遗忘，但当时作为德川亲藩的越前藩是位居幕末改革运动的核心位置的。在成为幕末政治动乱肇端的安政五年（1858年）政变之际，越前藩为了在对外危机最为严峻的时刻改革日本，主张让颇有英明之评的一桥庆喜担任将军的继任者，文久二年（1862年）回归政界后又与萨摩合作主张通过强藩联合创建公议政体制。从上可见，即便身为亲藩，越前藩也认为为了对抗西洋，不能由德川一门独占政权，转而提倡王政复古。而相反，自登上政坛之际起便以王政复古为长期目标的岩仓在第二次征讨长州中幕府战败之前，一直都在摸索试图建立起在天皇领导下德川与长州共存的体制。故而，于明治新政府而言，推翻幕府只是一种必须要做的恶事而已。在下决心征讨德川之际，新政府与德川双方都极力避免出现英法坐收渔翁之利的局面，努力将内战控制在最小限度。因而，新政府不仅容许德川家存续，对参加奥羽越列藩同盟的诸藩也并未追究到底，而是施以宽大之情谋求他们与新政府合作。对会津、桑名的严惩只是为了"杀一儆百"而有意为之。简单说来，正因为没有超过必要的过度战争，才得以将牺牲者控制在最小限度之内。

当然，在背负着贼军恶名的诸藩及旧幕臣之间，也并非完全没有对新政府的不信与怨恨之情，但他们发动的颠覆政府计划及反政府活动却出人意料地少。与诸外国历史中的"革命"相比，明治维新的牺牲者很少也与此有关。

新政府是以萨长等强藩的力量为原动力建成的，而且全国其他诸藩也仍然存在，新政府的实际权力除了岩仓及三条实美等极少数公家外，基本掌握在萨摩的大久保、西乡、长州的木户孝允等藩士级别出身者的手中。对于他们而言，新政府成立后面临的最大课题便是废除联邦制度与武士身份，建立所有人都在天皇的名义下以"国民"的身份团结一致的中央集权制国家。

为此，明治二年推行"版籍奉还"政策，即全国的藩主均将土地及人民的支配权返还给天皇。为防止诸藩反对，萨摩、长州、土佐、肥前四藩率先提交版籍奉还的建议书，之后，正如政府所期望的，全国的诸藩均效仿四藩的做法。

两年后，政府又断然推行瓦解藩阀组织的"废藩置县"政策，之后更又推行四民平等政策，建立起生于日本、长于日本的"国民"均平等地支撑国家的所谓国民国家。

我们从萨长藩府这个词中也可看出，政府的中枢有被以萨长为代表的在明治维新中做出功绩的藩出身者占据的倾向，但并非其他人都没有机会走上仕途。求贤若渴的明治政府甚至从旧幕臣中选拔人才。新政府成立之后立即设立"征士"制度，即便没有参加王政复古政变的藩也有公平接受选拔的机会。

比如，佐贺藩跟王政复古没有任何关联，但却因为在戊辰战争中的功绩向新政府输送了很多藩士，其中便有大隈重信。前幕臣涩泽荣一发掘大隈重信时，是如此说服他的："虽然我们出身不同，但你一直都是我们的同志。维新政府今后要靠我们通过知识、勤奋与忍耐来建设，务必请你与我们一同努力。"

明治政府高挂王政复古这个独特的"招牌"，利用天皇这个自古以来的权威，其内里却引进了公议政体这个近代的政治体制。这既是出于避免内战的策略，同时也是能够比较顺利地完成革命、推进日本近代化的基本条件。如果仅仅依靠天皇的权威，是无法将日本人的能力团结到一起的。相反，设若只提倡公议政体，应该也不具备将全国分立两百数十个藩的日本整合到一起的向心力。

将天皇与近代政治组合在一起，这个巧妙的组合具有重要的意义。通过王政复古将天皇推举为举国一致的中心，由此构筑起防备西洋诸国侵略的体制。上述协议在持续数十年的政治斗争中一步一步形成，并由此推动明治维新这个日本史上最伟大的变革得以实现。

那么，为何政治体制的变革会行至王政复古呢？或许可以认为是因为彼时有很多人都意识到幕府的统治能力已然走到尽头之故。为何幕府会失去统治能力呢？接下来，我们回溯幕府推动"征讨长州"之际的局面以探究上述疑问的答案。

征讨长州·新秩序的摸索

1866

幕府"威望"扫地已是有目共睹之时，寻求新秩序的呼声在全国蔓延开来。

转折点◎第二次征讨长州

被英军占领的长州前田炮台（横滨开港资料馆藏）

幕府专制的终结

第一章中，我们主要关注了庆应三年十二月九日（1868年1月3日）在《王政复古大号令》的号召下，德川幕府迎来终结的时代。第二章中，我们将主要关注幕府在彻底崩溃之前踏上下坡路的分歧点事件。幕府的权威跌至谷底，在事实上失去了作为全国统治者的资格，而诸藩却在整个江户时代均作为半独立国家存在。可以说，上述分歧点事件便是诸藩彻底抛弃日暮西山的幕府的瞬间。

本章的时代转折点是庆应二年（1866年）幕府发动的"第二次征讨长州"。顺便提一句，幕府方称本次内战为"征伐长州"，而长州方则因为在围绕着长州的艺州口、大岛口、石州口、小仓口四个地方展开过战斗，所以称其为"四境战争"。幕府与长州都努力主张自己的正当性并将其体现于对战争的称呼之中。

那么，接下来我们回顾一下事态发展至征讨长州之前的过程。

佩里来航以降，日本面临着来自西洋各国的威胁。究竟该接受外国使节开国、通商的要求，还是该继续维持原有的严格限定与外国的关系的对外态度，日本政府举棋不定。众所周知，所谓"锁国"并非完全关闭国门。近世初期，主要是严禁日本人出入境，被禁止来航的外国仅有西班牙、葡萄牙及英国三个国家而已。然而18世纪末，老中松平定信规定原则上禁止所有外国船来航，只有之前一直保持交往的国家具体说来就是朝鲜、琉球、中国与荷兰不在禁止之列。在幕末引发激烈的政治斗争的"开国"与"锁国"之争中所谓的"锁国"实际上不过是美国佩里来航的约60年前设定的框架而已。

然而，幕末的人们却相信这个意义上的"锁国"是近世初期以来便一直存在的制度。而西洋竟然无视如此历史悠久的尊贵传统，试图从外面强行对其加以更改，人们从中感受到强烈的不安与屈辱。但是，幕末的务实人士、有志的大名及知识分子早在佩里来航之前便开始密切关注西洋诸国的举动并提前思考相应的对策。有些人相信日本将来只能对西洋开国并与其建立国交、进行贸易，而有些人比如水户的"尊王攘夷"论者们则主张故意攻击靠近的西洋舰船，使其成为引发国内彻底改革的起爆剂。幕府采取渐进式开国方针，相继与西洋诸国缔结条约。然而，安政五年（1858年）向朝廷请求对条约的敕许时，彼时的孝明天皇对此不予批准，以此为契机，引发了江户时代开始以来最大的政变。幕府根据大老井伊直弼的判断决定在没有敕许的情况下缔结条约，此举不仅在朝廷中，甚至在大名及知识分子之间也引发了强烈的反对论。在此之前一直被认为是无稽之谈的水户尊攘论，在对开国不安与不满的舆论中获得了广泛支持并发展成为重大的政治运动高潮。

其结果导致大老井伊直弼在樱田门外于光天化日之下被暗杀。在此过程中，长年单独掌握国政换言之便是施行专制政治的德川幕府的权威性与正统性产生巨大的动摇，从此在对国政做出判断之际，便开始不得不考虑朝廷及有实力的大名们的意向。

上一章我们已经提到，在此时代，人们相信幕府是被朝廷委以大政的，这成为保障幕府专制正统性的思想基础。并且，虽然诸大名都是幕府的臣下，但基本上只有中小谱代大名才能够成为承担着日本整体政策决策的老中。

然而，随着对外危机感的日益强烈，诸大名尤其是强藩中，开始产生不局限于本藩的统治而是要求参加全日本国政的希求。大名们都以能够守护自己祖传的封地及国土为傲，但他们中有很多人都认为要想保住这一切，必须克服当前整个日本所面临的危机，不能单单依靠幕府。

这种自我意识最为强烈的是长州藩。虽然长州是最先完成对西洋战争军备的藩之一，但最初主张的却是稳健的对外政策。然而，安政五年政变中吉田松阴被处死后，长州藩内他的弟子们抬头，将藩论调整为与水户相同的尊攘论，发动朝廷有实力的公家，通过朝廷，逼迫幕府立即执行攘夷。但是，虽然孝明天皇本人也强烈希望攘夷，但同时却又极为担心如果自己任激进论者摆布、被置于攘夷战争先导位置的话，则在进入对外战争之前就会破坏国内的政治秩序。

首次"公议"尝试——参与会议及其失败

文久三年（1863年）八月十八日，朝廷会议召开。会津藩、萨摩藩及朝彦亲王、近卫忠房等公武协调派势力发动政变，长州藩及尊王攘夷的激进派被驱逐出京都（八·一八政变）。以三条实美为首的尊攘派公家七人也与长州藩兵一同逃往长州（七卿逃亡）。就像调换一般，萨摩的岛津久光、越前的松平春岳（庆永）、宇和岛的伊达宗城以及土佐的山内容堂（丰信）等"名贤侯"上洛，同时敦促辅佐将军的一桥庆喜也来到京都，同年十二月三十日五人被任命为朝议参与。他们与朝廷首脑一同召开会议，试图平息安政五年以来的混乱局面并创立新的政治秩序。

起初，孝明天皇将恢复秩序的希望寄托在岛津久光身上，这一点在将军家茂与老中们一起上洛后也未有改变。但是，成为参与后的岛津久光却试图利用这个机会敦促天皇转而支持开国论。这与彼时尚希望能挽回锁国政策的孝明天皇的意志相左。而且，幕府的老中对参与大名得到朝廷重用这一点非常憎恶，当参与大名表示要以参与的身份参加幕府的老中会议时，他们表现出拒绝一切妥协的姿态。一桥庆喜夹在二者之间左右为难，最终基于将军辅佐的立场，决定站在老中一方。同时，一桥庆喜试图劝说天皇封锁作为主要贸易港口的横滨，并将政府全权委任给将军。事实上他的本意是开国，但是遭到老中的抵制，转向从萨摩手中夺取天皇信赖的方针，封闭横滨的建议不过是为此采取的一时的策略而已。正如他所意图的，孝明天皇约定将政务完全委托给将军。

结果，最初致力于协调参与大名工作的庆喜开始公然与参与大名对抗。据说此时庆喜曾谩骂久光等是"天下的大愚人"、"天下的奸人"，这或许是对久光等积极追求权力好不容易成为参与却发表开国论导致触怒天皇的嘲讽吧。最终，事态演变为参与大名遭到庆喜背叛，怀抱着满腔的不满于元治元年（1864年）二月至三月相继踏上返乡之途。

虽然本次参与会议仅维持两个月有余便宣告失败，然而，幕府代表者与诸大名在朝廷指导下就日本的基本政策进行讨论，这在当时却堪称是划时代的新尝试。在此之前整个日本尤其是外交方面均属幕府的专权事项。但是，安政五年缔结友好通商条约之际，幕府打破惯例主动请求

● 长州藩的攘夷战争

长州藩为了增强日本国内的危机意识，主张实行对西洋的攘夷政策。在加强藩内军备的同时，对朝廷、幕府也提出攘夷要求。虽然幕府上奏表示"以文久三年（1863年）五月十日为攘夷期限"……

幕府并不打算执行	长州稳步进行着准备

马关防备意见

文久三年，长州的攘夷急先锋久坂玄瑞所记载的有关马关（下关）海峡防备的具体策略。内容是增加要冲的炮台数量、应加紧制造大炮等（部分/毛利博物馆藏）

下关攘夷战争图

长州藩于五月十日，在下关炮击美国商船，后来又炮击法国军舰、荷兰军舰。左图是五月二十六日遭到炮击的荷兰军舰美杜莎号。该舰副官所画（下关市立美术馆藏）

朝廷的敕许，结果在未能得到敕许的情况下断然签署了该条约。与此同时，幕府还驳回越前、萨摩等拥立有能力的将军继承人（一桥庆喜）的要求，并对他们施以惩罚。幕府与朝廷、有实力的大名双方都持对立态度，遭到全天下的谴责。幕末的政治动乱由此开始，并逐渐发展至文久三年以攘夷为名义谋求倒幕的局面。于幕府而言，攘夷激进派离开京都的当下是恢复秩序的绝佳时机。一桥庆喜与曾经支持自己的有实力的大名合作，给予他们朝议参与的名誉，并致力于幕府与朝廷的和解，试图由此挽回天下对幕府的信赖与支持。

与持续两百多年的幕府专制相对，人们把有实力者汇集一堂召开会议、就重要问题交换意见的政治运作方式称为"公议"或"公论"。虽是出于无可奈何之事，但作为幕府代表者之一的一桥庆喜曾试图认可公议，这一点非常值得关注。最终，他要求天皇将大政全权委托给幕府，与担任京都守护职的会津及所司代桑名合作维持"公武合体"体制，不断驳回曾短暂担任朝议参与的大名们推行"公议"制度的要求。但是，将在此之后日本走过的历史纳入视野，我们会发现，这个参与会议实际上是以"王政复古"、"公议"为旗号起步的明治政府的源头，再进一步说，也可认为它是与明治期的自由民权运动密切相关的事件。

● 首次"公议"的期待与挫败

长州藩被驱逐出京都后，有实力的大名上洛，被任命为朝议参与

参与会议召开

伊达宗城（宇和岛）　岛津久光（萨摩）　松平春岳（越前）　山内容堂（土佐）

参与国家政治的机会

一桥庆喜（将军辅佐）

获得诸藩合作的机会

与朝廷修复关系的机会

孝明天皇希望攘夷，而萨摩却逼迫他转而支持开国论。目睹这一切的庆喜为了赢得天皇的支持，向天皇建议采取部分锁国（封闭横滨港）之策

对立

开国派

转向攘夷派

遭到庆喜背叛的久光等返乡

天皇约定将政务完全委任与将军

参与会议仅维持两个多月便宣告失败

如果这个参与会议不是以决裂告终，幕府成功挽回了有实力的大名对自己的支持的话，德川幕府或许会存续得更为长久一些。当然，最终在天皇指导下建立起新的秩序这个大的方向不会改变，但实现的或许就会是一个完全不同的王政复古——具体说来便是以德川家为新的公议政体核心的王政复古。然而，实际上是参与会议发起人之一的一桥庆喜将这个可能性扼杀在了摇篮里。

总之，由于参与会议以失败告终，导致萨摩及越前等之前一直与幕府合作的强藩开始与幕府保持距离。作为亲藩的越前姑且不提，萨摩作为德川将军家最为近亲的亲属也不再对幕府抱有期待。而幕府已然有长州这样一个强敌存在。现在又推开了试图成为自己友军的有实力的大名，更为雪上加霜的是，萨摩将长州作为自己新的合作伙伴，两藩开始联合。幕府过于拘泥于眼前的利害与自己的体面，最终失去了这次恢复全国支持的绝好机会。

禁门之变至第一次征讨长州

参与会议解散后不久的元治元年（1864年）三月二十五日，一桥庆喜辞去将军辅佐之职，就任新设的禁里守卫总督兼摄海防御指挥。四月十一日，担任京都守护职的会津藩主松平容保的胞弟、桑名藩主松平定敬就任京都所司代，辅佐兄长。至此，被今日学界称为"一会桑（一桥、会津、桑名）政权"的幕府的代表组织登上京都政局的公开舞台。

而另一方面，在八·一八政变中被驱逐出京都的长州及尊王攘夷派陷入了困境。诸藩中掀起了对尊攘派的肃清运动，水户天狗党起兵之类的尊攘派运动每次刚爆发便随即被镇压。而在京都市内，由尊攘派志士发动的称为"天诛"的暗杀事件横行。

同年六月五日，从以保护上洛的将军为目的招募的浪士组中分派出来、当时作为会津藩预担任市内警卫任务的新选组发动了突袭、杀伤、抓捕尊攘派志士的池田屋事件。同一时期，长州藩的老臣福原越后及国司信浓、益田弹正等率兵上洛，请求朝廷为藩主父子及在八·一八政变中去到长州的尊攘派公家复权。但是，朝廷及深受朝廷信赖的一会桑政权驳回了该请求。最终于七月十八日，长州藩兵以御所为目标开始进军，十九日凌晨逼近御所的蛤御门（禁门），但遭到受命守卫御所的会津、桑名、萨摩、越前藩兵的迎头痛击，长州势力溃败。由于此次禁门之变，向御所发起进攻的长州被视为朝敌，藩主父子被剥夺了官位。

七月二十三日，朝廷命令一桥庆喜征讨长州。前尾张藩士德川庆胜被任命为征长总督，虽然幕府宣布了将军家茂的开拔命令，但在很长一段时间将军的命令未得到执行，最终出征被推迟至十一月十一日。本次征讨长州共动员了全国35个藩的15万兵力，十一月十一日对长州藩宣布了追讨令。原定于十八日发动总攻，但禁门之变仅半个月后，英国、法国、美国及荷兰四国联合舰队攻打下关，长州败北，根本无力抵挡征讨军，无奈只能斩杀在禁门之变中担任军事指挥的福原、国司、益田三位家老，向幕府表示顺从。

在长州藩内，自称"正义派"的激进尊攘派与被他们称为"俗论党"的保守派之间展开了激烈的主导权之争，此时保守派取得政权，向幕府表达谢罪之意。总督德川庆胜及被选定为参谋的萨摩的西乡隆盛并不计划彻底追讨长州，接受了他们的谢罪，第一次征讨长州就这样未经一战便宣告结束了。在幕府的强硬派看来，这是彻底击垮长州的绝佳机会。然而，参加征讨军的诸大名却对巨大的军役负担深恶痛绝，总督德川庆胜考虑到诸大名的情绪，于十二月二十七日命令诸藩撤退，解散征讨军。西乡主张以后再召集有实力的大名讨论对长州的处置。从中可见，参与会议解体后的萨摩仍在努力抓住每一个机会谋求实现"公议"。

● 禁门之变至第一次征讨长州

蛤御门合战图屏风

元治元年（1864年）七月十九日，长州藩兵逼近御所，会津、桑名、萨摩、越前的藩兵迎击。画面右上"一文字三颗星"是长州毛利家的旗号，左上方的"圆圈十字"是萨摩岛津家的旗号（部分/会津若松市藏）

长州成为朝敌，毛利藩主父子被剥夺官位

八月　四国联合舰队炮击下关

经过此败仗，长州藩放弃攘夷

十一月　幕府军开始第一次征讨长州

无力抵抗的长州藩交出三位家老的首级归顺幕府

认可其谢罪，未经一战，第一次征讨长州结束

第二次征讨长州——幕府惨败原委

元治二年（庆应元年，1865年）正月，因为要将长州藩主父子及寄身于长州的尊攘派公家（七卿）押送至江户加以处分，幕府命令各藩士兵保持在阵状态。然而，上面我们已经提到，征讨军已然于前一年十二月二十七日解散，幕府因此颜面大伤。为了恢复威望，幕府明确表示将军本人亲自出发再次征讨长州。

五月十六日，将军德川家茂从江户出发，前往京都。幕府命令幽禁在第一次征讨中归顺的长州藩主父子，并削封10万石，但长州并不接受这个处分。长州藩内一时被"俗论党"赶出中枢位置的"正义派"通过创建了奇兵队的高杉晋作发动的政变（功山寺举兵）重获权力，藩论发生了一百八十度大转弯，由恭顺转变为彻底抗战。

虽然幕府积极推行第二次征讨，但以萨摩为首的参加了第一次征讨的诸藩却对再次征讨表现得甚是为难。面对此状况，幕府想要从朝廷获得再征长州的敕许。然而，虽然朝廷在第一次征讨之际将全权委任与幕府，但此次却命令幕府跟包括一会桑在内的诸侯协商之后再做决定。在此期间，萨摩的大久保利通展开了诸如劝说朝廷不下达敕许等阻止再征的活动。

另外，越前的松平春岳也在呈给朝廷的意见书中表示"反对再征长州。如果再征，必会丧失天下人心，难免招致不测事态，获利的唯有希望我国分裂的英法等诸外国"。然而，虽然几乎所有的有影响力者都反对再征长州，幕府却仍执意努力试图获得敕许。

在第二次征讨长州迟迟不能成行之际，年号发生变化，庆应二年（1866年）正月，在土佐藩脱藩浪士坂本龙马、中冈慎太郎的斡旋下，萨摩的西乡隆盛、小松带刀与长州的木户孝允订立盟约。其内容摘要如下。

① 一旦发生战争，萨摩出兵稳固京都、大阪，牵制幕府。

② 不管战局走向如何，萨摩都尽力推动朝廷洗清长州的冤罪。

③ 如一会桑妨碍萨摩的雪冤工作，则只能诉诸决战。

④ 雪冤成功后，萨长联合尽力恢复皇威。

长州藩主自禁门之变后便被剥夺官位，禁止入京，且其在江户建造的房屋均被摧毁，丧失了所有的政治权利。对于如此遭遇的长州，萨摩藩虽然是以一种非正式的形式，但却约定协助他们恢复政治权利。再早之前长州便已通过萨摩从西洋购入最新式的枪械，订立盟约之际，已然做好了迎击政府军的准备。

而另一方面，幕府罔顾大部分人的反对，决意执行再征长州。身居京都的庆喜等幕府相关人员可以切身体会到京都的政局及西日本诸大名的动向，对于再征长州的困难形势是有所了解的。但是，身居江户的幕僚及东日本诸大名却不了解具体形势，这或许也是幕府执意再征长州的要因之一。幕僚们试图通过对大名进行军事调动，向天下昭示其"武威"，一味贪恋于将时光的指针拨回至幕府专制时代，然而如果置身于彼时的政治中心京都的话，便会清晰了解这绝无实现的可能。

东日本与西日本这种"信息差"状况其后也持续了很久。王政复古以后，西日本诸藩很快便转而支持新政府，而东北诸藩却多参加了奥羽越列藩同盟，试图守护对德川家、旧幕府的忠节，之所以出现这种状况或许也有上述"信息差"的原因。

与《萨长盟约》秘密订立同期的庆应二年正月二十二日，对长州的处分方案决定下来。如果长州不接受这份决定的话，势必会成为再次征讨的对象，因而长州以各种理由拖延接受该决定。正在此时，萨摩藩于四月十四日呈报朝廷表示拒绝出兵，公然违抗此命令。为阻止征讨长州在朝廷奔波斡旋的大久保利通曾经斩钉截铁地对关白二条齐敬说过如下话语（写给西乡的信件）：

> 如朝廷答允此事，则为不义之敕命，赞成朝廷大事的列藩一人也无。唯有至当之大义、天下万民皆以为然者方堪称敕命。不义之敕命，并非敕命。

继萨摩之后，长州附近的大藩广岛藩也表示虽然可以借给征讨军土地，但拒绝派兵，然而幕府仍强行出兵。纪州藩主德川茂承为先锋总督，由以谱代藩为主力的32个藩组成的征讨军步调凌乱地出征了。如此大规模的军事调动实是岛原之乱以来不曾有的大事件。司令部设在广岛，老中小笠原长行（唐津藩世子）赶赴小仓担任九州诸藩指挥之任。

六月七日，幕府军舰炮击周防大岛，战争由此拉开序幕。随后在艺州口、石州口、小仓口也发生了战斗。虽然征讨军在军队数量上占据绝对优势地位，然而长州军通过发挥奇兵队等非正规军的实力，在各地的战斗中都进展顺利。首先，在彦根、高田、纪州藩及幕府陆军主力都参与战斗的艺州口之战中，征讨军被击退，随后在大岛口也败退。在石州口，由大村益次郎担任参谋的长州军击退征讨军，并占领了属于幕府领地的石见银山。

最大的焦点是小仓口。如果长州能够控制关门海峡的话，便相当于控制了西日本海运的大动脉。小笠原长行将幕府最大的军舰富士山丸配置在小仓以备迎敌。但战争开始后，幕府军所指望的军舰畏惧长州军的攻击根本未敢出现在战场上，再加上长州军参谋山县狂介（有朋）及高杉晋作的大显身手，征讨军中的小仓、熊本藩兵被迫后退。

七月二十日，将军德川家茂在大阪突然病逝，病名为脚气冲心。三十日，得知此消息的小笠原长行秘密逃出小仓城，乘坐停在近海的富士山丸逃往长崎。翌月即八月一日，被抛弃的小仓藩兵放火烧城，退到后方。

虽然一桥庆喜当即承诺继承德川宗家（宗家继承是在八月二十日），但却坚辞不肯就任征夷大将军（将军就任是在十二月五日）。为悼念死去的家茂，庆喜宣布自己将亲自在征讨长州的阵头担任指挥，并从朝廷接受了征讨长州的敕谕及节刀，做出征的准备。但得知小仓城陷落的消息后，态度突变，当即中止出征。八月二十一日，朝廷命令征讨军停战，九月二日当时的军舰奉行胜海舟赶赴广岛，与长州藩代表签署停战协定。征讨总督当即离开广岛，征讨军解散。如此，第二次征讨长州以幕府的惨败告终。

● 第二次征讨长州——幕府权威的丧失

跨越东海岛的征长军（《末广五十三次平塚》，月冈芳年画）

九州小仓合战图

隔着关门海峡与下关遥遥相望的小仓城战役异常激烈。通过订立萨长同盟的萨摩藩购入大量武器的长州以强大的攻击力击败了幕府军（山口县立山口博物馆藏）

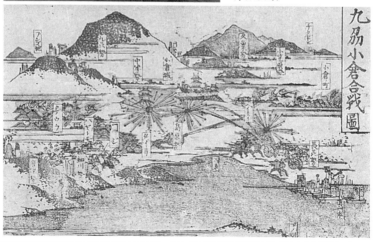

被庶民抛弃的幕府

第二次征讨长州中幕府的战败，意味着什么呢？我认为这堪称是彻底决定了之后政局潮流的大事件。要问为何，那是因为通过这次战败，幕府在全天下面前暴露了自己已然连压制长州一个藩的军事力量即武力也不具备的事实。原本江户时代的政治体制就是幕府独占决定全国事务的权力，但实质支配权却由全国两百数十个藩半独立性地支配，是联邦国家。在这种分权体制中，幕府的支配之所以成立，是因为德川的将军家及其同宗联合起来拥有占绝对优势的军事力量，诸大名无法与之对抗，且他们都深知如果与其对抗相当于自杀行为。换言之，幕府对全国统治的力量就依存于其"武威"。虽然在长期的和平中，幕府的军事力量衰退，"武威"名存实亡，但诸大名也均是如此，幕末的人们仍然认定幕府在军事力量上保持着相对优势。然而，幕府在实际战争中战败，无条件顺从幕府的藩因此锐减。或许当时的支配阶层目睹本次征讨长州的失败，开始产生了当今的秩序必然无法维持、新秩序势在必行的意识。

庶民的情况又是如何呢？为做征讨的准备，庶民被征召人马，征收临时课税，因为物价暴涨而痛苦不堪，因而他们对征讨长州的结束是异常欢迎的。此时正是整个江户时代破坏捣毁、武装起义最为频繁的时期。生活的动荡与困顿真实地反映为对支配层的不信赖。幕府正日益失去民众的支持。有记载表明，在听到中止征讨的消息后，京都城内流行起一种被称为"长州舞"的即兴舞蹈，以此庆祝战争的终结。

幕末时期，内容中加入时事问题的川柳及狂歌盛行，充满政治讽刺的作品大量出现。甚至此时期还出版了一种以"伊吕波"为首字讽刺长州征讨的《伊吕波喻》纸牌，广为流行：

《い》前途莫测　此节的形势

（没想到幕府竟会失败，所谓前途莫测）

《ろ》劳有功无　参与征讨的诸军

（被发动的诸藩很辛苦，却无所获）

《こ》后悔莫及　（将军）开拔

（将军要是不从江户开拔就好了）

《せ》欲速不达　接下来是群众评论（众评）

（幕府因急躁而失败。今后应稳步实现公议）

当时，讽刺政治及时事的作品多是对已然发生的事情进行批判，与之相比，以前一般只要说声"太好了"表示总结便可以了，在此《せ》中却讲述了"众评"这个新思想。作者是庶民还是武士无从知晓，但争相购买该纸牌的人，不管是武士还是庶民，都开始深刻感受到"新体制"的必要性——这个作品昭示的正是这样的事实。

通过追溯围绕征讨长州的一系列历史事实，我们深刻了解到当时幕府的举动是如此迟钝，根本无法跟上风云变幻的时代状况。

江户时代初期，德川家康刚刚获取天下之际，诸大名多半不是德川家原本的家臣。因而，在使得家康成为天下第一人的关原之战等关键战役中，家康为争取诸大名的支持花费了巨大的精力与心血。而在取得天下之后，他也通过频繁更换大名的领地、抓住大名的不端行为及子嗣断绝等机会推行减俸、罢黜等强硬手段，同时还将原本就以夺取土地为天职的大名们的竞争心转化为对在江户城中的席次之争，向天下展示唯有德川将军家才是天下安宁、和平的管理者。如此历经百年，大名对幕府的顺从已成为常态，大名不可违背作为公权力的幕府"威望"，大名应该无条件顺从，这样的心理习惯在双方均已根深蒂固。

但是，此时期——。幕府的"威望"开始衰退。在美国使节佩里的军事威逼下缔结条约，这给作为武家政权"招牌"的武力打上了一个大大的问号。此外，安政五年政变向世间宣称本应深思熟虑后签订的条约是"辱国"

的象征。天下人清晰看到了幕府"威望"露出的马脚。但是，唯有当时的幕府、幕僚们却不肯承认持续达两百年以上的政治体制所暴露出的破绽。

本章主要讲述了征讨长州失败这个使得幕府权威扫地的重大事件。这是在不为感情左右的现实世界里所发生的军事败北。但维持专制政治长达两百年以上的幕府却并非于某日突然失去了世间的所有信任。幕府的统治力在此之前便已然开始逐渐衰退。明确昭示了上述事实的事件就在我们追溯的历史的更前方。

下一章，我们将考察堪称幕府衰退的象征性事件——樱田门外之变。

第三章

樱田门外之变·幕府专制的局限性

1860

暗杀最高权力者的成功，瓦解了幕府的绝对权威，使得单独政权不可能维持。

转折点◎樱田门外之变

现在皇居的樱田万

为何幕府批判成为可能

直接导致德川幕府崩坏的契机是什么呢？答案是上一章我们提到的征讨长州的失败。由于此次战败，幕府失去了作为统治者的能力，失去了作为统一政权的正统性，这一点广为天下人所知。

自德川家康创立幕府以来，江户幕府在长达两百年以上的时间里一直独霸日本全国相关事务的决定权。与近代以降的政府不同，其权力的源泉并非民众的支持或国民舆论。作为武家政权，幕府的正统性源自以军事实力为支撑的"威望"。通过关原之战及大阪之战消灭丰臣氏、"马上得天下"的历史事实是家康对大名们拥有军事指挥权的依据。虽然德川家康从京都朝廷获封"征夷大将军"等官位，但那并非促使大名们顺从的关键。近世后期国学形成，始于古代神话的历史图谱开始普及，德川家开始传布幕府受日本万世一系的统治者天皇委以天下统治权的大政委任论。然而即便如此，幕府的正统性依然主要依靠"武威"即以武力为背景的强制力来维系。

但是，历经两百多年，经过了被当今称为"德川和平"（Pax Tokugawa）的和平时代，幕府的军事实力已然成了一个画在纸上的大饼。德川幕府之所以能够维持如此长的和平年代，当然是因为幕府的行政机构及其行政能力有出色之处，但反过来也正因为和平时代持续太长时间，导致作为武家政权根本的军事力量日渐退化，这也是不容置疑的事实。

有一种说法叫作"旗本八万骑"。通过作为幕府直辖家臣的旗本数量来夸耀幕府"威望"，的确，实际上幕府拥有多达全国俸禄四分之一的直辖领（天领），再加上家门及谱代大名们的领地，幕府拥有占绝对优势的兵力与财力。幕府军事力量衰退，大名也同样如此，直到幕末，德川家一直占据相对的优势地位。但是，幕府权威跌落，已然无法独霸政权，这一点也是事实。为何会这样呢？

有数个原因可以解释这一点。首先是，军事力量衰退后，通过极少的改革比如引进火炮等新装备并设立相应的组织来维持军事优势地位。所谓先下手为强。虽然幕府也算相对较早开始了这项工作，但萨摩、佐贺、长州等藩却领先其一步。更为重要的是谋取大名们的支持。德川取得天下之际，其军团是大名的联合军，在敌方设置告密者是其胜利的关键。换言之，使尽可能多的大名自愿成为其支持者是其获得天下的秘诀。在这一点上，幕末的将军家却存在着太多的问题。第二次征讨长州之际，多数大名拒绝出兵，其中甚至包括越前藩这样的亲藩。而出兵的大名们也多心中不服，即便是被配置在小仓口的熊本藩这样偏袒德川的大名也是一旦遭遇战局不利状况便立即撤退。幕府的孤立状态显而易见。

幕府之所以征讨长州，原本就是因为长州公然与幕府对抗，且赞同长州的想法蔓延至了朝廷、各地的大名、大名的家臣乃至被称作草莽志士的在野运动家。如能镇压长州，则其他大名们会产生"明天会不会是我"的恐惧心理而退缩，幕府便可由此恢复往昔的"威望"。幕府打着这样的如意算盘踏上征讨之路，结果适得其反。

那么，为何世间会对幕府政治持批判态度呢？江户时代的政权是专制体制，故而幕府也好大名也罢，在公开场合是不可以批判的，批判幕府更是绝对禁忌。当然，在文艺界或花柳界，政治讽刺在整个江户时代都一直存在。任何专制体制下，人们都会在背后偷偷发泄不满，如果彼此是互相信赖的朋友同志的话，甚至会更强烈地批判政府。然而，在公开场合流露出批判之意当即便会遭到逮捕与处罚。虽然也极为罕见地出现了大盐平八郎那样正面批评天下政治、发动叛乱的人物，但后无来者。通过"威望"实现的"天下安宁"看来似乎会永远持续下去。

然而时至幕末，高举"尊王攘夷"旗号的人以及主张"公议"的大名们公然将批判的枪口瞄准了幕府。为何这会得以实现呢？从征讨长州之际继续回溯历史，我们会发现促使该现象得以实现的一个大事件，那便是安政七年

（万延元年，1860年）爆发的"樱田门外之变"，即幕府大老在江户城的樱田门外不远处光天化日之下遭到暗杀的事件。本章将主要考察这件堪称是前所未有的大事件。

条约敕许问题与将军继承人问题

首先我们看一下在樱田门外之变中遭到暗杀的大老井伊直弼究竟是怎样一位人物。井伊家是彦根俸禄高达35万石的谱代名门。作为四家（井伊、酒井、土井、堀田）担任幕府临时设置的最高职位大老之中的一家，井伊家共出现包括直弼在内的六位大老。

但是，直弼是第十一代藩主直中的第十四个儿子。原本，直弼根本没有继承家督的可能，同时他也未能有幸成为别家养子，只能在被称为埋木舍的宅邸中过隐居生活。既不能继承家业又未能成为他人养子的状况通常被称作"住舍扶持之屋"（靠救济生活），直弼在这种不幸的境况中度过了三十多年的时光。然而直弼并未因此消沉，他在之后担任其参谋的国学家长野主膳的辅导下学习和歌、钻研学问、艺道及佛法，修习石州流的茶道、和歌、居合术等，作为优秀文人崭露头角。

或许是命运的捉弄吧，本应继承井伊家的哥哥们或者成为别家养子，或者因病急逝，本是偏居舍扶持之屋的直弼在他的哥哥、第十二代藩主直亮去世后，成为第十三代藩主。直弼一方面推行藩政改革，另一方面在幕府中被任命为在溜间值勤之人（溜诘）。所谓溜诘，指的是在江户城中的黑书院溜间即最靠近将军席位的等待室中被赐予席位的大名，在谱代中门第最高的大名才能够出现在这里。他们平常并不参与政务，但一旦发生重要事件时，可以直接接受将军咨问或者参与老中的讨论。

直弼担任溜诘的嘉永六年（1853年），美国东印度舰队司令官佩里率"黑船"抵达江户湾，夸耀军事力量，要求日本开国。直弼与其他大名一同接受幕府的咨问，并做出"唯有贸易"的安全答复。此时，佩里一行暂时撤退，翌年再次来航，要求缔结条约。幕府与美国缔结日美亲善条约以避免战争，拒绝贸易与国交，但向美国船开放下田与箱馆的港口。

作为当时最高责任者的老中阿部正弘原本是出于无奈才选择开港，然而安政三年（1856年）阿部态度一百八十度大转弯，由原来的"锁国"政策转为"以通商互市的利益为富国强兵之本"，将外交全权委托给开国论者堀田正睦老中。堀田与幕府主要官僚协商之后，翌年提出逐步实现真正开国的方针，决定顺次修改与荷兰及俄国的条约，开始进行贸易。

正好同样在安政三年，美国派出哈里斯作为总领事来到下田。翌年，幕府在修改了与荷兰及俄国的条约之后，才终于允许哈里斯前往江户幕府。谈判之后，双方签订了开放程度更高的条约，不仅同意通商，同时还开放国交。时至此时，幕府首脑决意不再龟缩回"锁国"，而是要在与世界诸国的交往中开创日本的未来。这个决断意味着日本最终放弃了持续长达两百年以上的国制根本。翌年，堀田请求天皇对此条约的敕许，通过这一前所未有的异例举动，他想营造出举国一致共同应对此重大变革的氛围。然而，出乎他的意料，孝明天皇对此表示拒绝，幕府的对外政策遭遇了巨大的障碍。

当时幕府还背负着另一个重大的问题，那便是将军继承人的问题。佩里再次来航期间的将军家定身体虚弱且没有子嗣，只能从亲属中过继养子。围绕着将谁过继为养子即立为下任将军，幕府及有实力的诸大名大致分为两派。最有希望的候选者共有两位：御三家之一的纪州藩主德川庆福（之后的家茂），御三卿之一的一桥家的德川庆喜。从血缘关系来看，庆福与德川家定更近，但佩里再次来航之时庆福不过是虚岁九岁的少年，而一桥庆喜则是水户藩主德川齐昭的第七个儿子，自幼便英名远扬，佩里再次来航之际正好十八岁。

对于家定的继承人问题，老中们当然是有所考虑，然而毕竟这应当是由主君本人决定之事，他们都采取了谨言慎行的态度。据堀田遗下的史料看来，他似乎认为血缘关系更近、年龄也比较适合作为家定之子的庆福是恰当人选。

　　然而，以门第仅次于御三家的亲藩越前藩主松平庆永（之后的春岳）为首，外样[1]的萨摩藩主岛津齐彬、土佐藩主山内丰信（之后的容堂）、宇和岛藩主伊达宗城等表示一桥庆喜才是最合适的继承人。他们坚信为了安然度过外交危机，颇有英名的一桥庆喜才是最适合继任将军之职的人，后世因此称他们为"一桥派"。庆喜出身之地水户德川家当然也希望如此，但却无法直接运作。一桥派大名成为水户的代理，但又绝非仅仅如此而已。大臣公然插嘴将军家的内务尤其是如此微妙的问题是前所未有的行为。幕府通过老中会议决定与日本全国政治相关的问题，但上述大名并没有老中的身份。外样自不必说，即便是亲藩，较强的大名难免对将军的地位存在潜在威胁，一直以来也都不被允许参与幕府决定。在他们之中，有些藩认为自己既有实力，对西洋情形也很有研究且很注意海防，但对于日本全国的政治却不具备发言权，不满情绪日益累积。亲藩、外样的大大名们打破前例介入将军家的继承人问题，这个事件成为之后幕末声势浩大的"公议"运动的肇端。

1　外样：江户时代，关原之战后归顺德川家的大名。亲藩、谱代以外的大名。——译者注

那么，将军家定是作何考虑的呢？很遗憾，他遗下的史料尚未发现。只是，他的亲信认为理所当然应选择血缘关系近的庆福。但是，堀田前往京都后转而支持一桥拥立论，家定的亲信们对幕府内部"一桥有力说"的日益强大甚为担忧。因此，他们推戴与自己意见一致的井伊直弼为大老，借助井伊之手防止庆喜胜出。原本，继承人问题应当是德川将军或者说幕府的专权事项，如果允许身为外人的诸大名介入，则幕府的权威会骤然跌落，尤其是才干突出的一桥庆喜一旦继任，那么将军家定就等同于隐退，那岂不是名誉扫地吗？这是他的亲信们所不能容忍之事，家定的生母也同样如此，据说她坚决彻底地抵制一桥。虽然岛津齐彬通过西乡隆盛请求由萨摩进入幕府而成为家定御台所的天璋院劝说家定录用一桥，然而天璋院最终未能对此发表任何意见。被后世称为"南纪派"的，是跟将军家定立场最接近的人。

安政五年（1858年）四月，堀田面见将军，报告京都的情形，同时建议任命一桥派核心人物松平庆永为大老，以图从天皇处获得条约敕许。但是家定当即表示"无论家世也好，人品也罢，都没有理由越过彦根任命越前。应任命直弼"，此一言九鼎，井伊直弼被指定为大老。亲信的耳边风效果明显。大老原本只是名誉职位，直弼的兄长担任大老时从不曾参与任何政策决定。然而，家定特别命令直弼主宰老中会议。这是南纪派逆转取胜的第一步。

同年五月一日，将军家定向大老及老中表达了指定纪州庆福为继承人的密意。在将军继承人问题上，南纪派的胜利事实上至此已属定数。同时，直弼策划解决条约敕许问题。首先，与哈里斯交涉推迟条约签署日期，确保有足够的时间按照朝廷的要求就条约问题对诸大名进行再次咨问。多数大名当即便答复表示赞成缔结条约，但是一桥派势力却迟迟不肯答复，并向幕府施加压力表示如果想要得到幕府期望的答复的话，必须选择一桥担任继承人。在此情况下，井伊大老计划逐步公开的方式，于六月一日公布将军的继承人已然决定，十八日再公布继承人为庆福，并预定在那之后由老中持大名的答复前往京都。

然而，直弼最终在没有获得敕许的状况下，断然决定签署《日美修好通商条约》。那是因为在下田的哈里斯乘坐偶然进港的美国军舰来到神奈川海域，逼迫幕府在约定日期之前签署条约之故。他通过与英国动向相关的最新消息煽动幕府的危机感。直弼与担任谈判委员的岩濑忠震及井上清直召开会议，六月十九日，表示允许他们万一事有不测的话，可以签字。二人登上美国舰船，随即签署了条约。之后二十二日，幕府命令诸大名全部到江户城，向他们宣布《日美修好通商条约》已然签订。

翌日即二十三日，直弼罢免了在京都未能获得敕许

● 外压与内压——国内意见分裂

条约敕许问题

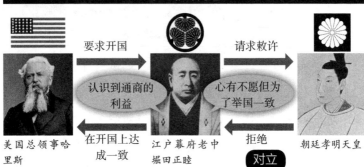

要求开国 → 请求敕许 →

认识到通商的利益

心有不愿但为了举国一致

← 在开国上达成一致 ← 拒绝

美国总领事哈里斯

江户幕府老中堀田正睦

对立

朝廷孝明天皇

将军继承人问题

南纪派	一桥派
候补者 德川庆福 ◎与将军血缘更近 ·年幼	**候补者** 一桥庆喜 ·水户藩（德川齐昭）的第七个儿子 ◎英明
推荐者 将军家定伪亲信 井伊直弼等幕阁	**推荐者** 松平庆永（越前藩） 岛津齐彬（萨摩藩） 山内容堂（土佐藩） 伊达宗城（宇和岛藩）

● 将军继承人是幕府专权事项

● 其他大名插嘴本身毫无道理

● 担心实权被德川齐昭掌握

对立

● 需要有英明的将军处理外交危机

● 为对抗全国范围内的威胁要求有发言权

未能达成举国一致　对立

并转而支持一桥派的堀田正睦，继而又罢免了主张不需要敕许的老中松平忠固，完成了独裁体制。然而，直弼未能等到敕许便强行签订条约，这成为敌对势力一桥派反击他的口实。二十四日，德川齐昭邀请尾张的德川庆恕（之后的庆胜）并携长子水户藩主德川庆笃临时前往江户。松平庆永也同时来到江户。按惯例诸大名只在定例的式日才能够进江户城，齐昭等人却打破惯例强行进城，要求面见直弼。他们对未获敕许便签订条约之事深表责备并要求大老辞职，要求立一桥庆喜为将军继承人。然而，对此早有思想准备的直弼拒不接受，并于二十五日公开宣布纪州庆福为将军继承人。缔结条约与将军继嗣——此两大难题乍一看来似乎同时得以解决。

安政五年政变——恶性循环的肇端

在京都条约敕许迟迟无法解决之时，井伊直弼等人认为是水户的德川齐昭煽动朝廷推行攘夷论而导致的。一桥派势力在朝廷多方做工作并主动接近持条约反对论的公家，这是事实，而且，朝廷内的条约反对派对一桥庆喜很有好感也是不争的事实，故而，阴谋论乍一看上去非常有说服力。

直弼的心腹长野主膳是站在南纪派的立场上对朝廷做

工作的人物，他认为，德川齐昭为了让自己的儿子庆喜成为将军继嗣，指使西日本的大名（岛津等）推动朝廷支持庆喜，并且还曾向朝廷呈交反对条约敕许的上书。长野在送往江户的书信中曾满怀愤慨地形容齐昭的所作所为"荒谬绝伦，说得再狠一些就是阴谋"。这封信的后半部分纯属误解。他所见到的所谓齐昭的意见书其实是水户的家臣未事先请示主君所写的，看到该意见书的老中堀田等人断定是伪造品，未予理睬。其实事情恰好相反，听从山内丰信的忠告，齐昭本人曾给他的亲戚、朝廷的实权派鹰司政通写信表示希望他能够尽力调解幕府与朝廷在条约方面的对立情绪。但是，长野主膳及南纪派却将此视为德川齐昭劫持幕府的阴谋，将此信误解为齐昭推举庆喜为将军继嗣并由此自己垄断幕府政治的铁证。

这是误解。但是，直弼未获敕许签订条约后，一桥派公然责难其"违敕签署"，要求直弼下台、立一桥庆喜为将军继承人。一直以来的怀疑终于变成了事实。虽然被确立为下任将军，但德川庆福不过是一个十三岁的少年。为了保护庆福，南纪派开始反攻。

正当此时，将军家定陷入病危状态。作为大老，必须趁着家定尚在人世掐掉"阴谋"的萌芽。七月五日，因临时进入江户之罪，德川齐昭、德川庆恕、德川庆笃、松平庆永等人受到处分。齐昭幽禁，庆恕与庆永隐退并幽禁，庆笃禁止进入江户。六日，将军家定去世，之后庆福改名家茂就任第十四代将军。一般来说，双方的政治斗争应该就此结束。然而，事态发展恰好相反，对立更加升级，终于发展为摧毁了近世政治体制的大政变。

其发端在于京都。孝明天皇对幕府践踏既有约定的行径异常愤怒，甚至产生了通过退位表达抗议的想法。被劝阻后，天皇于八月对幕府违敕签署条约表示批判，对水户、尾张两家所遭到的处分感到担忧，向幕府发出敕命，命令其采取"大老、阁老、三家、三卿、家门、列藩外样、谱代一同讨论后评定"的善后措施，该敕命先于幕府首先下达给了水户（之后被称为"戊午密敕"），这对于幕府而言是极为严重的事态。因为大政全权委任给幕府，天皇不应该直接给作为幕府家臣的大名直接下达命令，更何况是下达给刚刚受到幕府处分的水户，这更是于理不通。

在井伊大老及南纪派看来，这份"戊午密敕"也是一桥派的阴谋之策。而事实上这份敕命也的确是水户的家臣推动朝廷下达的，故而不能说其是误解。大老们判断此乃"阴谋"的再次败露，为了阻止反对派再有所举动，决意将一桥派大名的家臣们、在京都暗中批判幕府的尊攘志士们一网打尽。所谓的"安政大狱"是也。

在江户，身为水户家老安岛带刀及越前松平庆永心腹的桥本左内被逮捕；在京都，与密敕有关联的公家的家臣及浪士接连被捕，就连没有直接关联的小浜藩浪士梅田云浜也被疑为同伙被关进监狱。另外，身在长州萩的吉田松阴也因与梅田的关系遭到怀疑，被押往京都接受审问。终于，为了向朝廷说明签署条约的情况，大老派遣老中间部诠胜前往京都。然而，间部却不断地逮捕反对派，最终发展到要求天皇身边被视为赞同一桥派的公家出家、幽禁并将他们驱逐出政局。

翌年即安政六年（1859年）八月，处分开始了。德川齐昭被认定为阴谋的主谋，被判永远幽禁，一桥庆喜也被命令隐退、幽禁。辅佐他们的家老安岛带刀剖腹，桥本左内死罪，可以说他们是代替主君被处死的。并无直接关联的吉田松阴因为在法庭上宣称曾计划暗杀间部老中也被判处死刑，勤王儒者赖三树三郎等人也是死罪。在此期间，梅田云浜等数人死于狱中。担任审判的全体法官将认定的罪状记载下来，并提出这些处分措施提交给直弼，然而井伊大老仍不满意，为此甚至更换了负责人。罪状也定得更为严重。比如，将原案为"禁闭"（在自家幽禁）的处分加重一等定为"驱逐"等。据一桥派的松平庆永回忆，桥本左内最初的处分是"流放远岛"，但直弼将其改为"死罪"。因为是对传闻的回忆，是否准确我们无法断言，但从中还是可见松平认为直弼组织的法庭试图将一桥派及尊攘派等反对派赶尽杀绝。最终，在安政大狱中共有超过七十人被捕，尤其是朝廷相关人员遭到逮捕、处分的多达三十人以上。

井伊直弼对一桥派、条约反对派的镇压又反过来导致遭到镇压的一方对其产生强烈的不信感与憎恶感。当然，在南纪派看来，直弼所下的裁决是为守护幕府权威所做的正当英明的决断。以直弼为首，幕府努力保护已然缔结的条约，这对日本而言实乃庆幸至极。与之后朝鲜政府在对法国及美国舰队的攘夷中成功，因此导致文明开化推后的事实对照来看，就可清晰得出上述结论。大名及浪人们姑且不提，日本政府得以避免与西洋发生军事冲突，此乃井伊大老的功绩。

然而，从另一个角度来看，正是由于直弼的果决，导致幕府开始背负上国内种种对立的火种。具体说来如下：

① 幕府与朝廷的对立。
② 幕府与一桥派大名的对立。
③ 幕府与志士的对立。

幕府与朝廷是构成这个国家权力与权威的两个代表性存在。此两者的对立使得两百多年未曾经历过严重战争的日本人产生了深深的不安。而且，有实力的大名、被称为

● 围绕敕许的疑神疑鬼——安政大狱的由来

《日美修好通商条约》签署

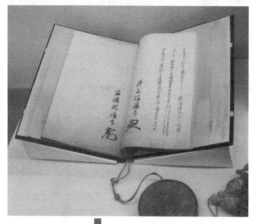

《日美修好通商条约》
安政四年（1857年），幕府确定了渐进式开国的方针，决定先与荷兰、接下来与俄国通商，但在将哈里斯迎至江户后，商定了包括国交在内更为开放的条约案。翌年安政五年六月十九日，大老井伊直弼未等到敕许便签署了条约（外务省外交史料馆藏）

一桥派

为谴责弊政临时登城

松平庆永

德川齐昭

强行登城要求
● 诘问违敕之罪
● 定庆喜为将军
　继嗣

由于临时登城之罪
被处以幽禁处分

井伊直弼

之所以未下达敕许，定
然是因为一桥派的反对
工作所致

实为误解

安政五年至六年 安政大狱
大量处分以一桥派为首的幕政反对派

志士的武士、浪人们也与朝廷一起批判幕府，以这一点为基础开始联合。井伊大老的幕府认为通过大狱处分便可结束一切。然而现实却事与愿违。水户的家臣们为了一雪主君与己藩的冤罪、挽回政治局面开始四方奔走。彼时舆论都对幕府强行签署条约及对天皇的侮辱深为震惊并持强烈批判态度，而水户家臣们的斡旋得到了上述舆论的广泛同情。在大老的专制政治下，极难对政府做出批判，但很快人们便发现那不过是一时的困难而已。在围绕将军继嗣问题的斗争中出现的"天下公议"及以此为名的政治批判已然势不可当。

樱田门外之变与政治运动的迸发

始于安政五年政变的不信与憎恶的恶性循环在安政大狱中也并未停止，一步步将幕府与日本拖入更深的地狱之中。

安政七年（1860年）三月三日（阳历3月24日）自清晨开始便下起这个季节不该有的大雪。由于当天是登城日（进江户城的日子），大老井伊直弼于上午九时左右从彦根藩邸（上屋敷）动身出发。他计划从离家最近的江户城樱田门登城，而水户藩的浪士们早已等候在樱田门外。受到他们的袭击，直弼被杀害。在安政五年政变及安政大狱

● 樱田门外之变——不信与憎恶招致的恶性循环

安政七年（1860年）三月三日，大老井伊直弼遭到水户藩浪士们的袭击（《樱田门外之图》，茨城县立图书馆藏）

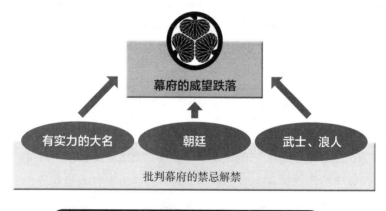

中被幕府推为重罪头目的水户藩，作为自己正统性的证据，异常珍惜地保护着天皇下达的"戊午密敕"。然而，朝廷在幕府的压力下，命令他们将其返还给朝廷。针对是否应该返还密敕，藩内爆发了激烈的争论，当齐昭命令将其返还给朝廷时，尊攘派中的激进派决定脱藩并抵抗到底，推翻井伊政权。

其核心人物是高桥多一郎、金子孙二郎再加上萨摩藩士有马新七等人。他们的计划不仅仅是暗杀大老，其最终目标是将萨摩等西日本大名拉拢为自己的支持者，东西方呼应发动政变。不久，暗杀大老的计划由水户出身的关铁之介等18人付诸实施。虽然有26名根彦藩士护卫直弼的轿子，但由于受到突击而引发慌乱，被发动袭击的浪士们相继砍倒。最终直弼本人也被拖出轿子斩下首级。据说全过程持续不过数分钟。然而，由于逃往西日本的志士们相继全被逮捕，暗杀大老后纠正幕政的目标最终以失败告终。

对于水户激进派对井伊大老的憎恨之情及他们寻机复仇的计划，幕府都有掌握，并且也做了周到的警戒准备。然而即便如此，光天化日之下幕府的最高权力者还是遭到公然暗杀。这个事态使得幕府"威望"扫地。

直弼死后，幕政由久世广周与安藤信正两位老中承担。他们从未放松对威胁将军家茂地位的旧一桥派的警戒，同时也继承了维持条约的政策。但是，他们认为导致

● 与朝廷修复关系——公武合体

为抵挡席卷全国的对幕府的恶评，幕府策划与朝廷和解，并因此推动将军家茂与孝明天皇之妹、皇女和宫的婚事

公武合体

第十四代将军德川家茂

皇女和宫像（增上寺藏）

尊王攘夷派的怒火爆发
竟然以皇女为人质！？

文久二年（1862年）一月十五日

坂下门外之变
老中安藤正信遇袭

江户的治安恶化

幕府权威扫地

政治舞台移至京都

井伊大老横死、幕府声誉受损的根本原因在于与朝廷的对立，故而积极采取措施修复与天皇的关系。他们试图通过由将军迎娶皇女的方式实现与朝廷的和解（公武合体策略）。

幕府向孝明天皇提出下嫁皇女的请求，天皇最初的意向是拒绝，作为候选人的天皇之妹和宫也极为不愿。但是，曾经担任天皇近侍的岩仓具视却上书表示此乃推行王政复古的好机会，天皇因此决定答应幕府。岩仓已经看透幕府的权威下降已无可遮掩，作为将和宫下嫁予家茂的补偿，要求幕府在七八年乃至十年以内废除修好通商条约，并要求今后国政方面的重要问题要与朝廷协商。后者姑且不提，条约问题得到了幕府的许诺，因而和宫下嫁最终于文久二年（1862年）得以实现。废除条约本是秘密约定，但不久被公之于世，起到了软刀子杀死幕府的效果。

然而，上述公武合体政策对于尊王攘夷的志士们而言毫无效果。志士们认为和宫下嫁乃是作为幕府的人质，为此展开了激烈的反对运动。在家茂与和宫婚礼的前一个月即一月十五日，发生了安藤信正在江户城坂下门外遇袭负伤的事件（坂下门外之变）。安藤得以保命，但背后被刺使其受到了"丢尽武士颜面"的指责，不久被罢免老中职位并被迫隐退、幽禁。

由于樱田门外之变后相继发生的针对幕阁的恐怖袭

击，幕府受到了重创。无力继续通过强权压制反对派的幕府已然失去了单独统治日本的能力。另外，通过这些事件，使得为了表达政治意见不惜发动恐怖袭击的风潮蔓延开来。在京都，由势力猛增的尊攘派志士、浪人们谋害被他们视为幕府帮凶的武士及公家性命的暗杀——即所谓的"天诛"——频发，治安陷入最为恶劣的状态。

在此状况下，两个强藩公然开始发动政治运动。和宫下嫁并未给日本带来稳定，朝廷与幕府之间关系依旧紧张，而上述政治运动的目的便是斡旋朝廷与幕府的关系，推动双方和解（公武一和）。首先展开活动的是长州藩，他们提倡通过参与世界活动来实现日本的未来，主张开国论，同时敦促幕府完成和宫下嫁的另一个条件即与朝廷协商解决重大问题的承诺（《航海远略策》）。看到长州的举动，萨摩也开始行动。他们并未对对外政策置喙，而是集中火力要求幕府反省并主张通过改革实现公武和解。曾是一桥派的萨摩前藩主岛津齐彬在安政五年政变最激烈之际死去，其弟弟久光之子忠义继任藩主，但萨摩藩的实际最高权力者却是久光。

文久二年四月，岛津久光率千余名藩兵上洛。然而虽然久光是藩主生父，但却无位无官，并无进入御所的资格。更严重的是，未得幕府许可便调动大量士兵乃是天下大忌。然而，幕府已然没有能力阻止久光的行为。久光首先毫不留情地镇压了谋划将萨摩藩兵用于倒幕活动的激进攘夷派家臣（寺田屋事件），获得了朝廷的信赖。朝廷随后委托久光管理京都的浪人，并决定听从其对国政的建言。

久光建议朝廷改革幕府。具体内容是辞退在井伊大老手下承担幕政的公务员们，让在安政五年政变中受到处罚并被逐出政界的一桥庆喜与松平春岳（庆永）担任幕府首领。深受天皇信任的岩仓具视记录下此提案，同时加上长州提倡的将军上洛论及另外一个策论，写就了《三事策》。天皇将此录用为朝廷的正式政策，同年五月二十二日，敕使大原重德在久光的护卫下前往江户。事实上，只有萨摩藩的提案被通知给了幕府，据此，松平春岳被任命为政事总裁职（因为大老之称不吉利，更改为此称呼），一桥庆喜被任命为将军后见职。

乍一看来，通过强行镇压反对派规避危机，幕府似乎恢复了在日本全国的"威望"，然而这个"威望"在不过短短两年的时间里便宣告彻底崩溃。

樱田门外之变打破了批判幕府的禁忌。日本全国各地出现了很多自称"志士"的人，公然批判幕府，与"同志"相互联络推行政治运动，结果发展为甚至能够左右大名们的行动。这种个人的决断与行动"能够推动时代"的想法是以樱田门外之变为契机才得以具备现实性的。他们的视线从水户转向京都。水户是他们遵奉的尊王攘夷思想的发源地。但当他们成为井伊大老镇压的目标时，他们的视线便自然转向京都。协助天皇摆脱幕府的压制，一雪水户的冤罪。推动政府敦促幕府实行攘夷，若幕府不依就推翻幕府。如此，他们的思想及行为不断走向过激的方向。

长州刚开始推动朝廷与幕府和解时，主张"航海远略策"。然而不久，藩内主张"破约攘夷"即立刻废除条约并发动攘夷战争的论调迅速抬头。这是恩师吉田松阴被幕府处死后，久坂玄瑞与高杉晋作提出的主张，他们认为藩首领们推行的"航海远略策"是在帮助幕府，主张彻底改变以修好通商条约为代表的安政五年以来的幕政。他们在藩外权威即朝廷中找寻同志，通过让朝廷批判己藩的方式成功推动藩的基本政策发生了一百八十度大转弯。

樱田门外之变之前不过二十年左右的天保十年（1839年），曾发生了被称为"蛮社之狱"的事件。老中水野忠邦得到一本题为《梦物语》的批判幕府外交政策的书，他下令逮捕多名被疑为执笔者的人，并处以幽禁或终身监禁等严厉处罚。该事件与樱田门外之变以降的政治状况相比，真是有恍如隔世之感。

批判幕府成为常态且幕府权力无力加以控制，这样的事态正是"幕府威望"的社会观念崩溃、社会秩序的"紧箍咒"松解的表现。樱田门外之变就是造成上述秩序瓦解的直接导火索。之后，尊攘的志士及诸藩的有志者开始关注京都。政局的中心从江户转向京都。

综上，在本章中，主要回溯了背负着条约敕许与将军继嗣两大重要问题的幕府对朝廷及有实力的大名产生对立并深陷反感与憎恶的恶性循环中，最终造成大名介入国政、志士和浪人公然发动反幕府运动的过程。

那么，为何幕府会软弱到无力应对上述重要问题及国难呢？幕府治世长达两百多年，我们当然可以认为是因为经年劣化导致其无法应对时代变化。然而，更为重大、更为直接的契机性事件还在我们接下来要继续回溯的时代长河的前方。它是幕末时代的起点，也是一直持续到明治维新之前的"动乱"的起点。

下一章，即本书的终章中，我们将关注撼动了幕府及整个日本的重大"冲击"。

第四章

维新的原点·佩里来航

1853

国家面临着前所未有的危机，
全体国民都认识到了这一点。
由此，产生改变社会的力量。

转折点◎佩里来航

1844　荷兰国王的开国进言

1846　英、法船只来航琉球

　　　美使詹姆斯·贝特尔（James Biddle）来航

　　　浦贺

1850　幕府颁布《御国恩海防令》

1852　荷兰商馆馆长宣称翌年美船来航

转折点④　1853　佩里来航

　　　着手建设品川的台场

1854　《日美亲善条约》

1856　阿部正弘转为通商肯定论

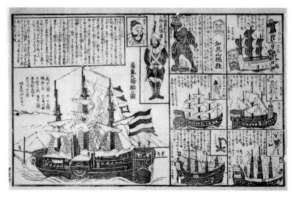

详细刻画了佩里舰队样貌的瓦版（横滨开港资料馆）

19世纪前半期的世界形势

本章主要回溯日本史上屈指可数的巨大社会变动——幕末维新所发生的社会时代。通过《王政复古大号令》，由德川幕府独占国政的近世日本政治体制宣告终结，那么，这段包括"幕末维新"在内的时代究竟始于何时呢？

每个时代均是由大量的大小事件累积叠加推动前行的。但是，有时也会发生一些大大出乎意料的"事件"，突然迅速加速时代的进程。而堪称本时期巨大变革契机的事件，则是嘉永六年（1853年）的佩里来航即所谓黑船的冲击。

首先，我们看一下19世纪前半期日本所处的国际关系。

在第二章中我们已经提到，所谓锁国，从广义上来讲指的是自江户时代开始实行的尽量限制外交及贸易的体制。然而"锁国"这个词本身的历史却并不久远，它是19世纪初长崎的兰学者志筑忠雄在其翻译、著述的著作《锁国论》中首次开始使用的。其本源是在百年之前的元禄时代作为荷兰东印度公司的医生来到长崎出岛的德国人肯普弗（Engelbert Kämpfer）所著述的日本见闻录《日本志》。志筑在翻译该《日本志》的附录论文之际，使用该著作中的词将其命名为"锁国论"。

"锁国"这个词在此时代"诞生"，事实上具有重大的意义。很多人认为锁国政策始于江户时代初期。的确，禁止日本人出航海外及再次回国，禁止从事传教活动的外国牧师进入日本，允许从事贸易活动的荷兰人及中国人的活动范围仅限于长崎，上述一系列政策均是于三代将军家光的时代完成的。然而，关于如何处置非天主教的外国船只，却并无特别的法律规定。进入18世纪以后，柬埔寨及泰国的贸易船只也曾进入长崎港并从将军处接受交给本国国王的复函后回国。更遑论通过对马与朝鲜进行国交及贸易，通过萨摩藩与琉球也保持同样关系，这更是众所周知的事实。

而促使幕府改变这一宽松态势的，是作为宽政改革的主导者的松平定信。定信推行禁止所有外国船只入港的方针，有意识地增强日本的闭锁性。在此之前即江户时代中期之前的日本人并没有本国在制度上实行"锁国"的意识。通过定信的政策转换，日本人——尤其是知识分子才重新产生了"日本正在锁国"的意识，"锁国"一词才开始广为人用。

宽政三年（1791年），定信向全国公布对外国船只的处置规定，其具体内容包括：对于漂流至本国的船只，加以修理后将其送至长崎；对于出现在本国海岸的外国船只，则怀柔诱捕之，如遇抵抗则摧毁之。这本是全新的政策，然而定信却将其称为"自古以来的国法"即祖法以图将其正统化。这便是所谓的"传统的创新"。

而另一方面，18世纪后半期这个时代，却又是整个日本通过兰学的兴盛对海外抱有极大兴趣的时代。同时，俄国船只频繁在虾夷地¹周边的海域、沿岸出现，日本国内对于俄国侵略的危机感及国防意识也日渐强烈。定信的"锁国"政策正好应上述时代状况而生。

进入19世纪，积蓄了强大实力的欧洲强国开始入侵太平洋。上一世纪的后半期，英国与法国不仅在欧洲，在印度及美国也展开了霸权之争。这一方面使得北美诞生了合众国，另一方面在亚洲，英国加强了对印度的控制，进而在新加坡设置据点控制了从印度洋至太平洋的通商航道。英国的库克（James Cook）及法国的拉佩鲁兹（comte de La Pérouse）开始在太平洋探险并绘制海图便是在18世纪的后半期。

人们经常会说这都是产业革命的推动作用，但这种理解并不正确。当今西洋史学界所谓的"产业革命"是极为缓慢的技术革新积累过程，并未出现堪称"革命"的急剧变革。在产业革命过程中，跟19世纪前半期西洋与东亚关

1　虾夷地：明治以前的北海道、千岛、桦太地区的总称。——译者注

系相关的事件中，传统上占据优势地位的航海术及炮术在英法的霸权之争中更加精炼发达，换言之即武力的远距离投入力得到提高是最大的事件。

西洋人的关心最初主要在于通商。然而，在此过程中与当地居民之间产生矛盾时，他们开始逐渐通过武力确保通商据点，并在其周边拓展领地。

比如英国，它在印度开拓领地，但在与印度接壤的中国却主要关注贸易尤其是本国有大量需求的茶叶进口问题。最初，英国通过白银支付茶叶的对价，当白银入手困难时，他们便将在印度栽培的鸦片带入中国。鸦片不仅损害了中国人的健康，还导致其原本可以从茶叶中获得白银开始产生逆差。彼时中国用白银纳税，白银数量减少导致银价上涨，事实上形成了增税的恶果。如此一来，治安自然是无法维持。清政府之所以匆忙推行立即严禁鸦片进口的措施便是出自上述缘由。

然而，英国以战争回应清政府的禁烟政策，鸦片战争（1839—1842年）就此爆发。对于东亚诸国而言，地球另一端的国家派来大量军队乃不可思议之事，然而，拥有世界最强舰队并能够在印度编成陆军主力的英国却获得完胜。西洋国家中首个向太平洋输送大军的英国，以压倒性的优势战胜了自有史以来便被尊为东亚中心的中国。这样的事实给中国带来了巨大的冲击，但在日本引起的反响又更大于中国。

上文我们已经提及，日本首位意识到西洋的潜在威胁的政治家是松平定信。然而之后，在虾夷地与俄国之间爆发小规模武力冲突并最终和平解决后，与地球另一端的西洋诸国之间绝不会爆发战争的观点成为日本的主流意识。正因为江户时代以来的对外纷争最终都得以顺利解决，所以今后日本只要永远保持"锁国"便可安然无事，上述乐观的观念成为普遍观点。

幕府于文政八年（1825年）出台所谓的异国船驱逐令，命令不惜以任何手段击退接近日本海岸的外国船只，逮捕上岸的西洋人。之所以会出台上述政策，是因为幕府坚信不管采取如何鲁莽野蛮的措施，日本也不会爆发与西洋国家的战争。然而，鸦片战争彻底击碎了上述前提条件。

鸦片战争后的对外政策

幕府于天保十三年（1842年）得知了鸦片战争的战果，废除《异国船只驱逐令》并出台《薪水给予令》，命令对异国船只采取温和的对应措施。对外宣称此乃"为向异国的漂流者施行仁政"，事实上是在英国舰队乘鸦片战争胜利之势造访日本之际，为避免与其陷入战争状态而采取的规避措施。

其后，弘化元年（1844年），自近世之初便一直与日本保持通商关系的荷兰国王威廉二世派遣特使，向幕府递交一封内容为告知鸦片战争的详细状况并劝告日本开国的亲笔信。换言之便是提醒日本，根据彼时的世界形势，锁国已无维继的可能，并建议日本最好与西洋诸国开展通商，参加到国际社会中。

然而，彼时在幕府中担任首席老中的阿部正弘拒绝了上述建议。不仅如此，他还提出日本虽与荷兰有"通商"关系，但并无"通信"（作为国家互通书信即国交）关系，甚至放言今后也不会与荷兰产生上述"通信"关系。此举既是向西洋各国表达日本今后仍会坚持锁国政策，同时也是试图打消他们劝说日本开国的念头。

向西洋诸国表明坚持锁国政策后，阿部正弘试图进一步对其加以强化。弘化三年（1846年），琉球向幕府汇报有法国船只出现并要求通商、进行基督教传教活动，之后不久，两艘美国船只出现在作为江户海门的浦贺。鸦片战争后，美国也与清朝签署了条约。而这两艘船只便是前往中国交换批准书后返程时顺便造访日本的。其目的是确认日本是否有通商的意愿，而当幕府答复表示没有意愿后，它们便很爽快地撤出日本。贝特尔所率领的上述舰队携带的炮门数与其后的佩里几乎相同，但因贝特尔急于归国，故而并未逼迫日本就范。

然而，阿部正弘认识到了上述事态的严重性。因为他得到担任江户警备职责的浦贺奉行的汇报，配置在防御要地江户湾口的大炮门数仅为贝特尔舰队两艘船只的"九分之一"。为此，阿部一方面强化海防，另一方面在幕府内部提出再一次推行《异国船只驱逐令》，以限制西洋船只迫近日本。

他对彼时日本所处的事态有着极为明晰的研判。在给水户的德川齐昭的信函中，他写到，西洋诸国最终必然会对日本提出通商要求，要拒绝此要求，最好的办法是打消他们靠近日本的念头，为此，只能再一次推行之前已然废止的《异国船只驱逐令》。阿部此举的目的是向全世界宣布，向日本出手就如徒手抓刺猬般会尝到恶果。美国作家梅尔维尔（Herman Melville）曾作为捕鲸船员来到日本海岸，从其名著《白鲸》中也可得知，西洋船员们确然认识到了这一点。

而同时，阿部对于日本守备能力近乎为零有着深刻认识。在此情况下是无法立刻恢复驱逐令的。他最初的战略是，首先整备海防，至少等首都江户周边的海防整备后再公布。换言之，他试图花费一定时间解决实际上的困难。

然而，担任幕府中枢的勘定方（担任财政及直辖领支配之责）的官员们却对此表示强烈反对。海防的费用从哪里出？唯有增税。而增税会立即导致各地爆发大规模的武装暴动。如此，在直面对外危机之前，日本便面临着从自身内部崩溃的危险。刚过去不久的天保改革遭遇挫败的原因之一便是幕府直辖领的武装暴动，这个事实使得勘定方的意见更具说服力。为此，他们主张以"威望"来说服来到日本的西洋船只，然而他们是否真心认为此举可行便不得而知了。

从上可知，在佩里来航的数年前，幕府内部便曾就如何应对必然会到来的西洋使节有过认真讨论。阿部并未屈服于勘定方的反对，于嘉永元年（1848年）、嘉永二年多次提议恢复驱逐令。终于在嘉永二年十二月（1850年），幕府表示将再次公布《异国船只驱逐令》，命令诸大名开始整备海防。因为对手是"西洋诸国"而并非一个国家，故而必须要集合日本全国的力量，不仅武家，百姓、町人也应感念生于长于和平日本的"国恩"，对国家做出"符合自己身份"的协助。所谓"符合自己身份"，指的是武家整备自己的武器，一旦有需要便随时可出征应战，而百姓、町人则爽快响应国家临时增税、临时夫役等号召。

这份命令在当今学界被称为"御国恩海防令"。直到之前不久，学界还认为在佩里来航之前幕府未做任何准备，见到黑船后方慌忙着手应对，而事实恰好相反，幕府预见到了关系日本生死存亡的非常时刻很快便会到来，甚至号召平时根本不放在眼里的庶民也一起参与防守。

此时，大多数大名处于无法采取任何实际行动的状态。他们既无财政实力，也无主观意愿。当然也出现了一些满怀豪情致力于海防的大名。比如，水户的德川齐昭遍寻自很早之前便对海防抱有关心的"有志"大名并与他们加强交流，这其中便有佐贺的锅岛齐正（之后的直正、闲叟）、鹿儿岛的岛津齐彬等。在此时期，前者铸造钢铁大炮，后者则开始准备建造西洋式船只。另，虽然未被选入该团队，萩的毛利敬亲也在藩内重新编成军制并取得了很大成果。活跃于幕末的所谓强藩便是起步于此。

另一方面，幕府推出海防令后随即向江户湾派出大规模的调查团进行彻底调查。彼时对于来自西洋的舰队规模有"数十艘"、"数艘"、"一二艘"三个程度的设想，"数十艘"是西洋采取与鸦片战争同样的手法，通过与日本的冲突采取大规模报复战争的态势，除了水户派尊王攘夷论的妄信者之外，大部分人在避免使用这种说法方面达成一致。而"一二艘"则与贝特尔舰队的规模相当，调查团最终提出报告，认为如能通过完善炮台等方式强化江户湾口的守备，则问题会得到解决。

阿部认为仅凭陆上守备是不充分的，提议准备海军建设，调查团则表示无此必要。问题是如之后的佩里舰队那样"数艘"迫近的情况。调查团认为这种情况下应该会提前从长崎获知情报，根据情报再发动大名即可。虽然事实也的确如此，然而仅这样是无法抵制佩里的军事恐吓的。换言之，调查团做出了有利于勘定方的报告书并将其加以实行，故而阿部非常清楚不能依靠海防对抗西洋。或许也是因为如此，阿部之后未再提议重新推行异国船只驱逐令。日本已病入膏肓，虽然阿部明确知道其病灶所在，然而他一无治疗方法二无治疗资金，事态陷入僵局。

但就在此时，在浦贺指挥江户海门防务的浦贺奉行中，之前甚少被提及的锁国放弃论开始抬头，其主力是浅野长祥、户田氏荣、井户弘道等人。他们认为海防是当务之急，其所需费用可以通过与西洋的贸易筹措，提倡引进西洋军事技术。他们提议与在19世纪初的纷争处理中给日本留下好印象的俄国通商，将近世初期被禁止的其他国家排除在外。佩里来航之前该提议并未获得采纳。然而如前所述，最初主张恢复驱逐令的阿部正弘也于亲善条约签署的两年后转为上述立场，将幕府的基本政策调整为"通过交易互市的利益实现富国强兵"。

如上所述，佩里来航之前的幕府内部在对外政策方面共有三种声音。这看起来似乎有些优柔寡断或者说没有主见。然而事实上，他们对于自身所处的环境有着彻底的了解，甚至还为此设计了数种设想。正因为如此，他们才得以灵活应对彼时态势，最终引导日本进入明治以降的前进框架之中。

海外形势与风说书

西洋诸国中最早谋求与日本通商的国家是俄国，鸦片战争后，英国与美国也分别从南方和东方接近日本。后二者通过《南京条约》迫使中国开放五个港口，并以长江河口附近的上海作为主要通商及军事据点，企图与北太平洋各地缔结新关系。英国曾于嘉永年间数次计划向日本派遣使节，然而疲于应对太平天国运动及中南半岛海域的海盗，每次都被迫延迟计划，最终太平洋彼岸的美国占领了先机。

彼时，美国是仅大西洋沿岸的十三个州实现了独立的新兴国家，通过移民及运入奴隶，人口急剧膨胀，逐渐扩张至北美大陆的内陆部分。在太平洋沿岸开始向北方的俄勒冈输入移民后，于1848年取得美墨战争的胜利，将俄勒冈南侧的加利福尼亚纳入版图，并将俄勒冈设立为州，由此太平洋沿岸全线成为美国领土。而恰在此时加利福尼亚发现了砂金，该地人口因此急剧增加。在此背景下，一些东部的贸易商人开始进军新开拓的中国市场，并且他们计划不再经过大西洋与印度洋，而是通过蒸汽船开辟一条横贯太平洋的航路，以此战胜竞争对手英国。

该航路的终点是上海，但要横贯太平洋，必须要有能够补充水分、煤炭及新鲜蔬菜的中转地点。如果一次性装备好横贯太平洋所需的煤炭，那么蒸汽船便无法装载货物。故而他们计划事先通过帆船将所需物资运往中转地点，蒸汽船则以中转地点为踏脚石前行。在美方看来，夏威夷、中途岛、小笠原、日本的南岸及那霸是其中转地点的备选项。不久之后美国得知日本能够出产煤炭，再加上考虑到将来进行贸易的可能性，日本无疑是非常有魅力的备选地点。

与此同时，有报道称在日本沿岸失事的美国船员在日本遭到虐待。事实上，日本对上岸的失事船员加以保护并从长崎通过荷兰船或中国船送其归国，但踏上归途的美国船员却在新加坡的报纸上宣称受到日本虐待，且该消息被美国报纸转载，因此美国舆论纷纷要求追究日本的责任并要求日本提供人道待遇。在此背景下，美国国务院决定向日本派遣使节，并委托被尊为美国蒸汽海军之父的准将佩里制订具体计划。最初佩里计划派遣其他人承担远征日本之责，然而中间出现问题，最终于1852年11月，就任东印度舰队司令长官的佩里本人携菲尔莫尔总统的亲笔信起航前往日本。

而另一方面，执行锁国政策的幕府将设在长崎的荷兰商馆馆长的口述内容翻译为《荷兰风说书》，以此获取海外的相关信息。而自1830年代起，由设立于Batavia（今雅加达）的荷兰殖民地官厅制订并向幕府提交详细的新闻集《别段风说书》。

嘉永五年（1852年）六月进入长崎港的荷兰船只提交的《别段风说书》中有如下内容：来年春，将有来自美国的使节到访日本，其名为佩里，其目的是贸易及设立横贯太平洋航路的煤炭所。事实上这是美国政府委托荷兰政府向日本传达的内容。同《别段风说书》中同时还记载说有九艘美国船只在中国，已然做好远征日本之际登陆作战的准备。

阿部正弘是如何应对此状况的呢？很遗憾，我未能搜索到记载在此期间幕府就此问题进行探讨的相关史料。然而，幕府究竟做了什么、未做什么，还是可以得知的。比如，阿部一贯主张的再次推行驱逐令便不曾再出现。为在谈判中增加砝码，他肯定非常希望能够加强海防，但增加江户湾口的炮台数量等措施均浅尝辄止。

从他的一贯主张来看，此乃不可思议之事。然而考虑到当时的财政状况也并非不可理解。荷兰传来情报之前，江户城的西之丸发生火灾。作为承担日本全国统治之责的中央官厅发生火灾是无法放任不管的。遵照先例，以幕府资金为主，大名们筹款开始重建工程。停止工程，将资金投向海防，理论上这是可行的，然而从幕府"威望"的角

● 直面迫近的危机——幕府的应对

幕府通过长崎出岛的荷兰商馆馆长所著的报告书《别段风说书》事先得知了黑船来航的信息，并同时得知该船只来自北美，他们谋求日本开港，为维持与中国的贸易，希望确保来往于中美之间的蒸汽船的煤炭放置所，来航的船只是军用蒸汽船数艘，指挥官的名字是"佩里"（阿部家文书《荷兰别段风说书 司天台译》，神奈川县立历史博物馆藏）

指挥官「佩里」

此使节乃为北美人民贸易之故，请求允其于日本之一二港出入，并以适合之港作为煤炭放置所，以备往来于加利福尼亚与中国之间的蒸汽船之用

一北美的军船（中略）

一萨斯凯哈那（Susquehanna）号军用蒸汽船一艘

（中略）

老中阿部正弘意识到此乃幕府开始以来所遭遇的最大的国家危机，当即将其誊写分发给担当海防警备之职的诸藩，命令他们"虽是毫无根据的流言，但尽量不引人注意地加以准备"

老中阿部正弘

不拘先例，不由幕府独立承担，而是将其作为全国共同面对的问题

度来看却不可取。更危险的是，若采取此不合常理之举，可能将世间的注意力转向尚未确定成行的美国使节来访事件，导致世间的激烈争论。攘夷论也好，锁国放弃论也罢，从幕府的基本政策角度来看都并非理想论调，必须要保证自己在应对美国方面的自由。因而，幕府竭尽全力试图掩盖美国使节到来的信息。

但是，阿部将该风说书的核心内容传达给了在对外关系方面承担着协助幕府之责的大名们，其中主要有统治琉球的萨摩、负责日本大门——长崎的警备工作的佐贺及福冈、承担江户湾口警备之责的彦根、川越、忍、会津等诸藩。在通报给上述大名们的风说书末尾，附有"虽是毫无根据的流言，但做好准备，尽量不要引起注意"的内容，充分说明了彼时情形之难为之处。同时，阿部并非一味隐忍，他也采取了一定的果断措施。觐见后返回萨摩的岛津齐彬提出希望能够建造用于琉球航路的西式船只，阿部爽快应允。可以说，这事实上废除了禁止建造大船的规定。

目睹黑船

嘉永六年（1853年）六月三日，佩里率领东印度舰队的四艘舰船终于出现在江户湾口的浦贺。消息瞬间传播开

● 黑船来航——佩里像的可怕之处

嘉永六年（1853年）六月，佩里提督所率领的东印度舰队的四艘军舰出现在浦贺

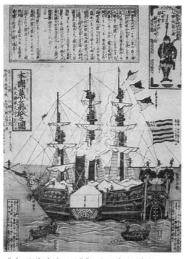

《本国蒸汽船之图》（黑船馆藏）

佩里给宁静平稳的生活带来了极大的恐惧，他的画像有多个版本广为流传，成为庶民关注的重点

《北美人物　佩里像》
（横滨开港资料馆藏）

模仿天狗所画的《佩里真像》（黑船馆藏）

有怪异手指的《船大将钦差大臣提督海军统帅Matthew C. Perry》（黑船馆藏）

佩里画像恐怖到一眼便知并非事实，然而却仍使得全体国民共同产生了危机感

去，不仅幕府官员甚至大量庶民也聚集到港口参观美国舰船。彼时在江户的长州藩吉田松阴及其恩师佐久间象山也前来视察黑船，这个事实广为人知。现在看来不过是极小的船只而已，然而于彼时的知识分子而言，他们自很早以前便通过阅读翻译的书籍关注由蒸汽船所代表的西洋最新技术，如今得以目睹，极大地撼动了他们的世界观。

佩里表示希望亲手将总统的国书递交给幕府中枢的官员，而幕府却搬出锁国的"祖法"拒绝了他的请求，敦促他将舰船驶往长崎。然而，在航海过程中通过新加坡的《日本》等对日本人有了一定研究的佩里却表现出强硬姿态，表示如不能在江户递交国书则不惜付之于战争，要求幕府在浦贺接受国书。

针对此状况，日本方面根据早已制订的计划，采取了冷静的应对措施。从浦贺奉行处得知佩里不同于之前的贝尔特、态度极为强硬后，江户的老中指示奉行们采取息事宁人的应对措施。六日，佩里舰队无视官员们的制止，强行将船只驶入江户湾的内部，江户的老中们决定接受国书。九日，佩里率领护卫在幕府指定的久里浜登陆，向作为浦贺奉行的户田氏荣与井户弘道递交了总统的国书。佩里宣称，由于原来计划的军舰并未全数聚齐，故不进行条约的交涉，翌年春天将再次来日，彼时再请日本做出答复，随后便撤出江户湾。

● 合众国国书受领——应对翌年春天的再次来航

嘉永六年（1853年）六月九日，佩里提督在久里浜登陆，向"皇帝的第一顾问官"户田氏荣递交国书（海涅画《佩里久里浜登陆图》，横须贺市自然与人文博物馆藏）

将合众国国书的复写版分发给诸大名

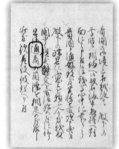

在接受的美国国书日译版《合众国国书翰和解》（国立国会图书馆藏）中，明确记载说要求日本补给"煤炭，食材"，并要求日本答允"开放港口"、"通商"

此乃国家的头等大事，故即便触犯禁忌，也希望大名们能够坦陈意见

将国书的复写版分发给诸大名，广泛征求意见

今天，我们将凭借军事实力迫使对方国家单方面接受己方意愿的外交手法称为"炮艇外交"，佩里便是使用该手法的先驱者。然而，彼时的佩里并无通过战争迫使日本屈服的意图，派遣他出使的菲尔莫尔总统也禁止舰队开炮。

即便如此，佩里通过军事力量威吓幕府，而幕府为了避免爆发战争，无奈更改了长期以来的国制，这却也是不争的事实。彼时，美国舰队的大炮与日本的大炮在射程距离及精准度上存在着巨大的差距。并且，蒸汽船在机动力方面非常先进，不管风向如何，都可以穿过江户湾口迫近江户城。

舰炮射击完全可以袭击江户，海岸沿线的城镇自不必说，甚至江户城也会沦为一片火海，从之后鹿儿岛所发生的事件看来，上述预测是完全可能的。为此，江户的城镇陷入恐慌，避退到郊外的人排起长队，如果连将军也不得不逃往他方的话，那么德川的威望将无以为继。当时的幕府及知识分子对上述危机有着极为清晰的认识。

如果一个不小心，当时幕府与佩里之间爆发战斗的话，情况会如何呢？佩里应该无法占领江户或者长期占领江户。他的弹药及兵员准备尚不充分，从上海运送补给也绝非易事。而日本是联邦国家，未受损的大名们必然会紧急采取措施夺回首都。正如之后不久朝鲜政府与来犯的法国及稍后的美国舰队发生战斗，江华岛的一部分被短暂占领，后成功夺回。但是，上述短期性的胜负并不重要。在国际关系发生巨大变动之际，能否采取长期看来切实有效的战略才是具有决定意义的关键。

以阿部正弘为首的幕府冷静审视敌我的军事差距后，将规避战争视为最优先的课题，同时努力在不发生战争的前提下将让步控制在最小限度，并着手考虑长期对策。江户湾内的台场建造及海军建设一直是阿部想做而不能的，现在他以非常时刻为名义击退勘定方的消极论调，推行大规模的改革。同时代乃至今日，幕府应对佩里来航的举措都被认定为体现了武士的软弱怯懦，为征夷大将军的名号抹了黑，这已然成为武士摆脱不掉的千古恶名。然而，这个评价究竟是否妥当呢？

《日美亲善条约》缔结与二港开港

佩里暂时驶离日本，而阿部正弘则开始采取多种措施以应对其再次来航。其一便是起用水户的前藩主德川齐昭参与海防。这本是该年初福冈的黑田长溥提出的建议，佩里来航后，家门大名松平庆永（越前藩）及国持大名岛津齐彬（萨摩藩）也上书推荐德川齐昭。另，佩里驶离后的六月二十二日，第十二代将军家庆突然病逝。继任者家定由于身体缺陷看起来也无应对国难危机的能力。值此德川将军家面临危机之际，作为御三家之一且兼具智慧与体力、自早便对海防颇为积极的齐昭无疑是弥补将军家统治能力缺陷的最佳人选。

正如大大名的上书中所表明的，齐昭身后站立着自早便来往密切的"有志"大名们，在日本面临全国性危机之际，获取有志大名们的支持极为必要。只有一点，齐昭是攘夷论的强硬奉行者，在当时阿部谋求的是维持"锁国论"，故而二者之间当下并未产生冲突。而之后幕府试图转而推行开国政策时，幕府曾经表现出的短暂的支持攘夷论这一事实便成了一个沉重的枷锁。

其二，阿部将佩里带来的国书复写版分发给大名及旗本，向他们征求意见，一旦佩里再次来航该当采取何种态度。全国各地返回大量的答复，大多数大名们都表示要尽量拒绝通商，但同时不可破坏谈判的和平气氛，换言之多是只打己方如意算盘的见解。而在上述一片和稀泥的倾向中，虽然也出现了不惜付诸战争也要坚决拒绝通商要求的强硬论，但数量很少，相反在此状况下，还出现了索性下定决心实施开国及通商的意见。

当时，为在江户湾内建造台场，被提升为勘定吟味役[1]

1　吟味役：江户时代的法官，多承担调查诉讼及犯罪等职责。——译者注

● 江户湾守备——台场建设

为应对半年后黑船再来航，幕府着手加强江户湾的防务。为平复因财政困难而不愿支出的勘定方，幕府命令各大名负担建设费用

国土地理院摄影的空中照片（2009年摄影）

现在的品川第三台场

台场整体上共配备了120门大炮。图为第三台场的炮台遗迹（复制品）

的伊豆韭山代官江川英龙建议与俄国开展贸易，所获收益用于海防建设，而幕臣中少见的兰学者之一、之后扮演了幕府终结者角色的胜海舟也提交了同样宗旨的上书。胜氏的上书受到幕阁关注，他在长崎新开设的海军传习所获得职务，抓住了仕途通畅的机遇。幕府正在征求意见，该信息不仅在武士阶层，甚至在庶民阶层也广泛流传，由此出现了向幕府提交国防意见的庶民。在对外危机感日益高涨的情势下，武士阶层自不必说，甚至就连庶民也产生了自己的国家是"日本"、自己是日本国的"国民"的意识，即后来所谓的"国民国家"意识自此萌芽。

而幕府内部也为应对佩里再次来航展开多次探讨，最终于是年十一月一日，作为第十三代将军德川家定的首份重要公告，公布了基本方针。该方针中并无明确的回答，只是规定因为军备尚不完备故而应尽量采取温和的应对措施，万一对方先行攻击的话则做好准备以击退其进攻。接受德川齐昭的强硬主张，延缓回答尤其是不认可通商成为基本方针的核心内容。该方针首先被应用于继佩里之后来到长崎的俄国使节普嘉廷（Putjatin），并获得了一时的成功。

嘉永七年（1854年）一月十六日，按照预告，佩里舰队再一次出现在江户湾。本次增加舰船数量，是由七艘舰船构成的舰队，以此彰显推动条约缔结的"认真程度"。

同时本次也采取上次的做法，无视幕府的制止，长驱直入江户湾内部，令幕府相关人员胆战心寒。

目睹佩里的强硬姿态后，阿部等阁僚判断延缓回答的策略已行不通，试图转向容许通商的方向。然而，德川齐昭等人对此表示强烈反对，双方争斗的结果是承认煤炭、食材的供给及漂流者的救助，但坚决反对通商，以此为底线开始与佩里谈判。佩里先是拿出与中国缔结的条约，要求日本签订同样的修好通商条约，但之后迅速转换为妥协态度。之所以出现这个转变，人们普遍认为是因为总统赋予他的任务是谋求日本对美国船只开港，通商不过是期望条款而已，并非作为军人的他所需要坚持的事项。如此，日本方面的意图与佩里一方偶然达成了一致。

其结果是，谈判进展异常顺利，三月三日，日美亲善条约缔结，日本与美国约定开放下田与箱馆二港。该条约规定日本为入港的美国船只提供食材及煤炭等必需品，并非通商即为获得利益而进行的交换。另外决定在下田设置领事，但该领事是为来到日本的美国人服务的工作人员，并非担当与日本政府之间国交的外交官。换言之，亲善条约只是未规定通商与国交的开港条约，幕府坚称它不过是将在长崎允许的与荷兰的关系扩张应用至其他国家而已，这种说法倒也并非完全没有道理。或许这也是它不同于之后的修好通商条约、没有引发强烈反对的原因之一。

顺便提一下，佩里第二次来航之际，吉田松阴曾请求搭乘美国舰船偷渡到海外，但是遭到拒绝并因此被幕府逮捕，相信读者都知道此事。我们试想一下，假如他成功偷渡会有何变化呢？会直到回国都是一个激进的攘夷论者吗？还是会成为一个激进的开国论者？

"举国一致"努力带来的意外结局

如此，日本一方面以锁国政策为基本国策，同时又对美国开放港口。自是年至翌年即安政二年（1855年），相继与英国、俄国签订了同样的开港条约，与荷兰方面则将历来的长崎贸易以文字形式固定下来，缔结了特别条约，由此成为由西洋诸国架构的以西洋为主导的新国际社会的一员。而日本国内舆论则认为此举乃是幕府在军事威吓下屈从于佩里的要求，放弃了幕府自身规定为"祖法"的锁国政策（虽然事实上这至多不过是60年前方开始实行的政策），并由此导致幕府的威信、威望大打折扣。

自然，老中阿部正弘向诸大名及旗本征求克服国难的建议，甚至连庶民阶层也对此踊跃回应，从某种意义上讲乃是划时代的事件。正因为他的积极推动，日本处于危急时刻的意识传到了日本的各个角落，全体国民必须团结起来共同应对国难的意识成为主流认识。阿部希望人们谋求

"举国一致"的努力能够形成对幕府的向心力，最终恢复国民以德川将军家为中心紧密团结的体制。

然而，阿部的措施同时也具有损害幕府权威的危险性。如果任何人都可以表达自己观点的话，那么幕府独霸国政的正当性乃至幕府本身的正统性都难免受到质疑。而事实也是如此，举国一致必不可少的意识广泛渗透，其程度大大超过了阿部的预计，并最终导致了"公论"、"公议"等新词汇的诞生。

而一旦被征求对于国政的意见，大名也好庶民也罢，任何人都无法再继续保持默然听从幕府命令的态势。他们以"天下的公论"为名义，开始积极发言。由此，正如本书前一章所提到的，以安政五年政变为契机，举国一致的中心即"公论"的大本营不应是江户（幕府）而应是京都（朝廷），为此必须建立由天皇取代将军成为政治中心的体制，此种意识开始占领整个日本并逐渐演变为"王政复古"思想，最终成为消灭了大名及普通武家的巨大变革——明治维新的思想先决条件。

站在"近代"历史角度的回顾

从时隔150多年的当今看来，佩里来航之际幕府所采取的政策是非常英明的。同时代的中国及朝鲜正是在此时点即西洋诸国构建世界霸权之际未能采取正确的应对措施，从而不得不经受了很长一段苦难的"近代"历史。中国意识到世界环境的根本性变化并开始真正实施改革是在与岛国日本发生战争并战败的世纪末，而在此之前它已然经历了五次对外战争。它比日本更早经历与西洋的战争，而真正开始谋划长期对策却比日本晚了40年之久。

这使得中国经历了一个苦难的近代史，备受西洋诸国及日本的侵略并遭受了长期的内乱。而中国超越苦难并开创出令人自豪的近代史，也不过是邓小平实行改革开放政策的1980年代以降的事情。如果清朝能够与日本同时展开改革，或许可免遭上述苦难与屈辱也未可知。甚至，日本也不会趁着邻国混乱之际产生构建帝国的野心吧。朝鲜、韩国也同样如此。前面我们已经提到，朝鲜政府在攘夷战争中获得了成功。在幕末日本攘夷论者看来，朝鲜当然更值得称赞。然而从长期观点看来，朝鲜显然是输家。是否能够认识到西洋军事力量背后所体现的新文明的力量，决定着该国家"近代"的命运。

在当今东亚，"近代"遗留的伤痕并未痊愈，而这些伤痕的很大一部分是由迅速成功实现近代化的日本所造成的，这个事实至今仍重重地压在日本人的身上。

然而如果暂时不考虑日本给东亚各国带来的灾难，我们会发现与邻国国民相较而言，日本的"近代"历史好得太多了。日本不曾遭受外国的支配——除了之后本国主动发动大型战争并遭遇战败后的七年间之外——，不曾因国土遭受外国士兵的践踏而导致出现大量死亡者，不曾在外国人的压迫下忍气吞声、屈辱地生活过。日本确保了通过自己的力量构建理想社会所必需的时间，并成功建设完成在政治、经济、文化等各方面都达到世界领先水平的社会。可以说，虽然攘夷遭遇了重创，然而从整体看来，此时期却堪称是"成功"的历史。

如此看来，出发点极为重要。阿部避免了与西洋发生军事冲突。而回避军事冲突的结果是，日本与西洋强国纷争不断，但却也掐灭了由纷争发展为真正的战争、割让部分领土及经济权的可能性。还不仅仅是如此。修好条约签订两年后，阿部将幕府的外交政策转变为全面开国。不经一战，他成功地将基本政策来了个一百八十度大转弯。之后，为了引进西洋的军事技术及军事技术背后所依靠的科学技术，他在长崎开设海军传习所，在江户设置蕃书调所，从全国各地招揽人才。众所周知，在此培养的西学知识分子们成为明治日本"文明开化"的先导者。同时，阿部还着意加强与大大名的合作，有意向社会征求人们对于外交等基本的权力问题的看法。这成为明治的立宪君主制、构建以"公议"为基础的政治体制的出发点。

上述准确的判断、综合了短期和长期必要性的战略性判断因何成为可能？一是阿部正弘这位不世出的政治家恰好处于权力中枢之故。他不仅具备全面考虑事态、在时间推移过程中适时解决问题的高超智慧，同时拥有深受将军及同僚信任并能够得到他们协助的人品，难能可贵的是他还很勤奋。约十年前，幕府的天保改革因为内讧导致惨败，这一方面使得幕府未能及时应对鸦片战争带来的北太平洋秩序的变化，但另一方面也带来了将国政指导权委托于年轻却成熟、有才能的政治家的结果。同时，不可忽视的是，当时幕府内外自18世纪末积累了丰富的对西洋外交的经验。佩里来航之际，幕府内部既有攘夷论也有开国通商论，意见纷呈，此乃长达60年的经验与论争的产物。幕府的用意是事先准备好多种政策，以备应时推出。

席卷幕末政界的尊王攘夷论也并非单纯的锁国论。佩里来航当时，据日本最知名的知识分子、水户的藤田东湖所著的主君齐昭的传记《常陆带》记载，齐昭他们在探讨了回避西洋战争的消极型开国论与日本应派出船只进行通商的积极型开国论后，特意提倡攘夷论。在水户起源的攘夷论看来，理想的状态是将船只派往世界各地宣扬日本的国威，然而当下条件不具备，只好故意挑起与西洋的攘夷战争，启发国民意识到危机，理想状态只能延期到重大变革出现之后才能实现。该观点之后被长州藩继承。与同时代朝鲜的攘夷论不同，他们的攘夷论贯穿着战略判断。

● 渗入日本人内心深处的对黑船的兴趣与恐惧

很多绘画都描画了人们虽然心怀恐惧却仍兴致勃勃观察黑船的情景。担心遭受西洋支配的恐惧、对异国物品的好奇心与憧憬，在日本人身上同时并存（《黑船来航图卷》，埼玉县立历史与民俗博物馆藏）

黑船来航之际，不仅幕阁及亲藩、谱代，甚至也广泛征求了外样大名及一般庶民的意见。照片为黑船来航之际诸士提交的意见书（《嘉永珍船录》，东京都江户东京博物馆藏Image：东京都历史文化财团Image Archive）

导致幕府权威扫地

担心遭受西洋支配的危机感、恐惧感的共有成
为推进日本近代化的原动力

举国一致的原点

　　但是，幕府垮台了。在乍一看上去鲁莽又反动的尊王攘夷论者所发动的运动中，佩里来航之际做出非常合理的判断并准备好明治以降日本的前进方向的幕府被推翻了。该如何看待这个事实呢？正确的事物未必能赢得胜利。这是放之四海皆准的真理。我们只能表示阿部及其同僚、后继者真的很可悲。但是，推翻他们的一方也有一番道理。由幕府及大名组成的近世国家想必无力承受来自西洋的压力。如不能改为能够最大限度活用贫乏的资源的政治体制，日本是无法在"近代"维持独立的。尊王攘夷运动完成了其"拆除"的职能。

　　幸运的是，"拆除"家们与幕府的有志人士中途有了同一个目标，王政复古后他们共同致力于建设明治日本。为了日本能够生存下去，牺牲了德川。生于后世的我们要对阿部们抱有感激之心，同时也应将上述事实代代传达下去。

　　至此，我们回溯了"王政复古"、"第二次征讨长州"、"樱田门外之变"及"佩里来航"等时代。本书以德川幕府倒台、天皇政府成立为主轴，讲述了幕末日本的历史。

　　然而，读过本书的读者想必已然知道，幕末的历史并非以倒幕为目标的人们历尽艰辛最终取得成功这样一个单纯的故事。事实上，他们不过是少数派，在此时代进入政界的人们最初只是希望通过"举国一致"保护日本免受西洋侵略而已。因而每当有事件发生，他们就会提出学习海军技术、希望由有才干之人就任将军之职、听取公论、协助天皇等具体的课题，在多方尝试的过程中他们终于发现了王政复古，而王政复古也最终成为废藩及废除武士身份等重大改革的突破口。如能将由明治的胜利者们创立并通过学校教科书及大众文学得以普及的"倒幕派"、"佐幕派"等以萨长为中心进行的维新解释搁置一边，倾听幕末人们的声音，我们会看到一个更为丰富的维新形象。

当前我国正面临着东日本大震灾及少子化、高龄化等多种难题，然而幕末的人们面临的是比当前更加困难的问题。希望生于当下的我们能够从本书所刻画的他们的丰姿中感受到激励与启发。

参考文献

三谷博 《明治维新与国家主义——幕末的外交与政治变动》（山川出版社）1997

三谷博 《佩里来航》（吉川弘文馆）2003

三谷博 《明治维新》（有志舍）2006

家近良树 《孝明天皇的"一会桑"——幕末、维新的新视点》（文春新书）2002

家近良树编 《明治维新的另一面——幕末史再考》（有志舍）2006

井上勲 《王政复古》（中公新书）1991

井上勲编 《日本的时代史20 开国与幕末动乱》（吉川弘文馆）2004

井上胜生 《日本历史18 开国与幕末变革》（讲谈社）2002

岩下哲典 《幕末日本的情报活动——"开国"的情报史》（雄山阁）2008

江马修 《山民》（春秋社）1985

久住真也 《长州战争与德川将军——幕末期畿内的政治空间》

（岩田书院）2005

佐佐木克《大久保利通与明治维新》（吉川弘文馆）1998

佐藤诚三郎《超越"死亡跳跃"——西洋的冲击与日本》（都市
出版）1992

马里乌斯·詹森（Marius B. Jansen）《坂本龙马与明治维新》
（时事通信社）1965

田中彰《幕末的长州》（中公新书）1965

谷林玲子《作为井伊直弼教养的茶汤》（创文社）2001

野口武彦《长州战争》（中公新书）2006

保谷彻《战争的日本史18　戊辰战争》（吉川弘文馆）2007

松浦玲《德川庆喜》（中公新书）1975

松尾正人《维新政权》（吉川弘文馆）1995

明治维新新史学会编　《讲座　明治维新1〈世界史中的明治维
新〉》（有志舍）2010

明治维新新史学会编　《讲座　明治维新2〈幕末政治与社会变
动〉》（有志舍）2011

吉田常吉《井伊直弼》（吉川弘文馆）1963

吉田常吉《安政大狱》（吉川弘文馆）1991

李元雨《幕末的公家社会》（吉川弘文馆）2005

年　表

日本动向		世界动向	
1825	《异国船只驱逐令》		
		1839	鸦片战争爆发
1842	天保《薪水给予令》	1842	《南京条约》
1844	荷兰国王开国进言书函送达		
1846	英船、法船航行至琉球	1846	美墨战争（—1848年）
	美国使节贝特尔来航至浦贺		
		1848	法国二月革命 德国、奥地利三月革命
1850	幕府颁布《御国恩海防令》		
		1851	太平天国运动（—1864年）
1852	荷兰商馆馆长预告翌年美船来航		
1853	**佩里来航**	1853	克里米亚战争（—

	着手建造品川台场		1856年）
1854	《日美亲善条约》		
	《日英亲善条约》		
	《日俄亲善条约》		
1855	《日荷亲善条约》		
1856	阿部正弘转而持通商	1856	亚罗号事件（一
	肯定论		1860年）
1857	幕阁确定通商开国		
	方针		
1858	《日美修好通商条	1858	莫卧儿帝国灭亡
	约》签订（与荷、		英国直接统治印度
	俄、美、法签订同		
	样协议）		
	安政五年政变		
1859	在横滨、长崎、箱馆		
	开始贸易		
1860	**樱田门外之变**	1860	《北京条约》
			俄国从清朝夺取沿
			海州
		1861	美国南北战争（一
			1865年）
1862	坂下门外之变		
	和宫下嫁		
	生麦事件		
1863	长州藩在下关炮击外	1863	林肯宣布《解放黑人

122

	国船只		奴隶宣言》
	萨英战争		
	八·一八政变		
	参与会议		
1864	禁门之变	1864	第一共产国际（国际
	四国联合舰队炮击下关		劳动者协会）成立
	第一次征讨长州		（—1876年）
1866	《萨长盟约》	1866	普奥战争
	第二次征讨长州		法国舰队短暂占领朝
			鲜的江华岛
1867	《萨长盟约》		
	萨长同盟（《萨长出		
	兵盟约》）		
	讨幕密敕		
	大政奉还		
	《王政复古大号令》		
1868	鸟羽、伏见之战（戊		
	辰战争爆发）		
	《五条誓文》		
	奥羽越列藩同盟成立		
1869	版籍奉还	1869	苏伊士运河开通
		1870	普法战争（—
			1871年）
1871	废藩置县	1871	巴黎公社成立
			朝鲜在江华岛与美国
			展开战斗

江户："天下泰平"之根基

矶田道史　著

前　言

　　当前，我国困难重重。大震灾偏遇核电事故，经济低迷，国家财政负债累累。国民对晚年的生活保障深感不安，且深知增税似乎已势不可免。然而，尽管情况如此不妙，我们却仍感到"生于日本，真好"。即便遭遇地震与海啸，不得不面对核污染的危机，仍抱有"想在这个国家继续住下去"的念头。

　　为何会这样？大约是因为日本乃"舒适国家"之故。我认为秘密就藏在我们的祖先将日本打造为舒适国度的历史之中。

　　我们拥有江户时代这份伟大遗产。江户时代长达260年的历史是为这个国家打好根基的过程。作为史学家，我可以断言，世界上遗失的钱包被归还最多的日本，自动贩卖机不会遭到偷盗的日本，教育程度极高的日本，这一切均是在"德川和平"中形成的，这一点毋庸置疑。

　　然而中世之前的日本人并非上述状态。并且，江户时代也并非不费任何周折便实现和平的，它也曾出现过内乱、自然灾害、侵略等数个危机及转折点，而我们的祖先每逢此时都拼尽全力选择未来之路，最终安然度过种种危机。

　　我与NHK教育电视（ETV）的工作人员都认为有必要从新视点考察江户时代，并对此进行了探讨。在此之后，平成二十三年（2011年）10月，题为《倒叙日本史 江户："天下泰平"之根基》的四集系列节目播出。本书以上述节目内容为基础，在很多人的协助下得以出版。在国家的存在形式、社会的存在形式、人的存在形式不断受到质询的当今，如果诸位读者能够从本书中获得哪怕一点启发，我们也将不胜欣慰。

磯田道史

第一章

"锁国"所守护的繁荣

1806

克服了俄国船只袭击的对外危机，"保护民众"的政策再次受到重视，江户的庶民文化绽放出灿烂的花朵。

转折点◎露寇事件

1792　拉克斯曼（Adam Laxman）来航至根室，要
　　　求通商

1804　列萨诺夫（Nikolai Rezanov）来航至长崎，
　　　要求通商

转折点① 1806　**露寇事件爆发（—1807年）**

1808　间宫林藏探查桦太（—1809年）

1825　《异国船只驱逐令》

描绘出现在长崎的俄国船只及军队的绘画（国立公文书馆藏）

"德川和平"的转折点

"江户时代",名称虽短,但从德川家康创立幕府至明治维新,时间跨度长达260年之久。本书将尝试探究其维持260年和平的秘密。能够在很长一段时间里既无革命也无内战,这离不开江户时期日本人妥当应对国际环境及自然环境变化的努力。

到目前为止,通史在论及江户时代之际,通常都会从政治史的观点出发,以历代将军的功绩或被称为三大改革的幕政改革为坐标轴,统观长达260年的时代。换言之,幕府严格统制全国的大名,虽然以谱代大名为首的幕阁担任将军的"中央政府",推行各种改革,然而却未能彻底实现,幕府由此走向没落,此乃是一般通史的观点。然而,事实上的江户时代史并非如此简单。多达250个藩都各自拥有自己的支配领域,藩的政治经常对幕府产生影响。不仅如此,来自外国的影响也撼动着幕政。

然而当今,关于江户时代,人们一般不再认为,至幕末佩里来航之前日本是和平的,自江户中期方开始受欧洲影响而产生巨大变动,而是按照教科书的讲述,认为幕藩体制乃是逐渐成形、成熟,后又产生制度疲劳并逐渐崩坏的。然而,对于江户时代究竟是怎样的一个时代这一问题，仅通过使用藩体制这个近代形成的概念，梳理其生成与成熟、破裂、崩坏的流程，能够做出妥当的回答吗？

我们经常会听到有人说江户时代是世界史上极为罕见的维持了长期和平的"特异"时代。

当然，江户时代与现代相比简直就是天堂——这样的表述方式是不正确的。根据严格的身份制，相对于作为支配阶层的武士，非武士的阶层受到的待遇在当今看来完全就是不当待遇，这个事实不容置疑。另外，所有人生来平等、人权必须得到保障——这个近代意义上的人权意识乃是在此之后方从西洋传入的，故而，江户时代几乎不存在由国家推行的安全与生活保障。不仅如此，我们的祖先未受到近代科学文明洗礼，在面对自然灾害时，他们比当下的我们更加无力，从这个意义上来讲，彼时人们面临的生存危机比当今要严峻得多。

然而即便有上述种种不利因素，江户时代还是出现了被称为"德川和平"的景象，这是为何？换言之，被称为"泰平盛世"的时代是如何构筑的？国家及政府该如何保障人们的生命，这是我们当下面临的重要课题。那么，江户时代是如何应对此课题的？本书最大的目标便是对上述问题做出解答。

从此角度出发选择本时代的转折点的话，当然必须要有一个大大不同于以往江户时代通史的基准。我选作第一章的转折点的，是文化年间（1804—1818年）发生的"露寇事件"[1]。这个国际纷争一举将长期安于和平的幕府推到不得不面对对外危机的位置。同时，通过这个危机，德川幕府获得了重新审视支配、统治这个国家及国民的基本原理的机会。那么，这是怎样一个事件？首先，我们来看一下事件的梗概。

文化极盛期遭遇的西洋冲击

露寇事件发生于文化三年（1806年）、第十一代将军德川家齐时代。江户时代进入后期，作为将军所在地，江户成为世界最大级别的都市，有超过百万人在此生活。而从都市基础设施的角度来讲，江户也远超同时代的伦敦与巴黎，堪称是彼时世界最先进的都市。战国乱世已然是遥远的过去，以江户的繁荣为基础形成的文化（巧的是，其年号也是"文化"）迎来了极盛期。

现代人心目中江户的形象多形成于文化至随后的文政年间（1818—1830年）前后。在此时期得到广泛喜爱的浮世绘及滑稽本中，栩栩如生地描绘了庶民们欣赏相扑、单口相声（落语）、歌舞伎等节目的情形，甚至开始出现了

---

1 这里的"露"为"露西亚"，为日本人对俄国的称呼，江户时代也称"鲁西亚"。——译者注

黄表纸等出版媒体及小吃摊等餐饮产业。酱油、味淋、醋等调料普及，握寿司出现，隅田川的烟火及赏花等受到庶民追捧，均是在此时代。而该时代的特征是，不断有大量的人从农村涌入大都市江户寻找工作及生活的舞台，因此形成深厚的民间社会。

而如果将视线转向世界，我们会发现，欧洲各国于18世纪后半期开始出现产业革命，工业生产实现了飞跃性的扩张。市场经济与工业化进展迅速，枪械及大炮开始大量生产。英国及法国等军事先进的工业化国家在之后至20世纪为止，竞相展开了长期的掠夺殖民地活动。使用相同语言的人们每个"民族"都组建为"国民国家"，拉开了将尚未成立国民国家的亚洲及非洲大地连同生活在该地的住民一起掠夺为"殖民地"并加以瓜分的序幕。在15世纪至17世纪辐射至整个世界的大航海时代，他们获得了步枪及海军力量作为自己的发展引擎，现在再一次产生吞并世界的欲望。

信长时代的欧洲尚处于手工制作火绳枪（滑膛枪）的阶段，不具备征服全世界的力量。然而，当步枪被工业化量产而装备有性能优越的大炮的军舰开始运送步枪后，情况发生了翻天覆地的变化。西洋征服力量的冲击波及东亚，日本近海当然也在其波及范围之内，正是在此时期，日本近海开始有外国船只出没。最先正式向日本提出通商要求并与日本接触的，是宽政四年（1792年）来自俄国的使节拉克斯曼。他受命护送大黑屋光太夫等日本漂流民来到根室，同时要求前往江户就确立通商关系进行谈判。

接到通报后，幕府甚是为难。时任老中的松平定信担心一旦拉克斯曼的船只在江户湾出现，不仅会使将军所在地江户陷入混乱，甚至连幕府的权威也会遭到严重损害。为此，定信亲手向身在松前的拉克斯曼递交了一封晓谕日本国法的《国法书》，其中写有"如异国船只无通报便来到日本之际，或逮捕之，或在海上将其击溃，此乃古有之国法"的内容。换言之，幕府拒绝拉克斯曼的通商要求，作为补偿，向其颁发驶入长崎的入港许可证（信牌），暗示他们，如果他们愿意的话，可以在长崎进行谈判。

拉克斯曼、列萨诺夫与日本的邂逅

拉克斯曼回国12年后，文化元年（1804年）九月，俄国使节携幕府颁与拉克斯曼的入港许可证出现在长崎。他们是受俄国皇帝派遣来到日本的列萨诺夫一行。列萨诺夫出生于俄国首都圣彼得堡，作为军人历任判事等职后，在北美太平洋沿岸的阿拉斯加、堪察加等地从事贸易活动。彼时，俄国创办了一家名为俄美公司的国策公司对该地域进行经营，而列萨诺夫便是其总负责人。但是，孤悬远海

的该公司补给不畅，因为食材不足甚至出现了病人、饿
殍。目睹此状，列萨诺夫推动俄国宫廷派遣自己担任访日
使节，最终成功实现访日。他相信如能在日本开辟中转地
点，该公司的经营便会好转并获得巨额利润。

列萨诺夫来到长崎的出岛后，向幕府官员递交了俄
国皇帝的亲笔信，以继承拉克斯曼与幕府的外交谈判为名
义，再次要求与日本通商。然而彼时，老中松平定信已然
离开了幕府的政权核心。定信是第八代将军吉宗之孙，出
身高贵，是推动宽政改革的实力派人物，勤奋好学且精通
外国事物，对西洋文明有着深刻的理解，是当时极为难得
的人才。然而，他被从老中首座的职位上撤了下来。其结
果便是，幕府失去了强有力的指导者，外交力迅速下降。

幕府苦思不得良策，无奈只好采取缓兵之计，拖延给
列萨诺夫的答复，将使节留在长崎。列萨诺夫终于收到幕
府的答复，已是半年之后。递交至列萨诺夫手中的《教谕
书》大致内容为"我国虽与中国、朝鲜、琉球、荷兰有往
来，然而不与其他国家通信、通商乃是国策"。

据说列萨诺夫接到拒绝通商并离境的命令后大惊失
色。列萨诺夫一行未能达到目的，黯然从长崎撤退。幕府
勉强守护住了至今为止的外交秩序。

当时的俄国在女皇叶卡捷琳娜二世及之后的亚历山大
一世治下不断扩张领土，积极推进海外贸易。有趣的是，

此时期的俄国不仅是军队，就连商人也参与扩张领土活动。他们通过非战争的商业活动扩大着国家的版图。若要支配远东，离不开与日本的商业活动。他们计划将在阿留申群岛捕获的干鱼、咸鱼、鲸油、兽油等卖给日本人，反过来从日本采购纺织品及米麦、铜铁器等销往西伯利亚各地。虽然俄国为实现此目的而强烈要求与日本通商，然而最主要的是，一旦与日本缔结通商关系，那么俄国在北方进行活动时所面临的最大问题即食材与水便可得到保障。可以说这股潮流与野心家列萨诺夫的企图两相叠加，导致要求日本通商的呼声更加热烈。

然而幕府采取的却只是临时的权宜之计。颁与拉克斯曼的《国法书》也好，递交给列萨诺夫的《教谕书》也罢，都并非记载着确切的幕府方针的文书，只不过是为驱逐俄国使节而临时拼凑的内容。对于幕府而言，只要俄国使节能够离开日本就万事大吉。因此，作为赶走俄国使节的借口，他们威胁说"一旦看到未建立国交之国的外国船只，当场予以击溃，此乃自古以来的国法"。之所以做出上述回应，是因为幕府的预判过于天真，他们认为通过彰显将军的"武威"加以威胁便可令对手不战而退。上述逻辑在国内或许行得通，然而在未能取得外交成果的情况下便认为上述对内理论同样适用于不了解日本国情的外国对手，这种念头本身就体现了幕府外交的脆弱性。历史上，

● 俄国使节列萨诺夫来到长崎

《俄国使节列萨诺夫来航绘卷》
文化元年（1804年）九月，俄国使节列萨诺夫携俄国皇帝的亲笔信来到长崎（东京大学史料编纂所藏）

尼古拉·列萨诺夫（早稻田大学图书馆藏《鲁西亚国使节图》）

要求缔结通商关系

有无不得罪大国俄国便可巧妙避免开国的良策呢……

德川幕府仓皇协商

⬇

翌年二月

我国拒绝与海外诸国通交由来已久。无法更改自古以来的祖法

告知拒绝通商、命令离境

未及半年，国家威信惨遭践踏！

岛国日本经常因为将国内的情形、逻辑应用于外交而走进死胡同。外交是有对手的，单凭以自我为中心的地心说是行不通的，没有广阔的视野是极为危险的。

然而，最终这还是成为幕府外交政策的重大转折点。江户时代的日本实行"锁国"政策——虽如此说，却并非字面意义上的"锁住国家"之意。第三代将军家光时代的宽永年间（1624—1644年），虽然禁止驶往海外的日本人回国、禁止葡萄牙船只来航，却认可与中国及荷兰在长崎的通商。此举共有两个目的，一是防止基督教传入，二是实现幕府管理贸易。日本、中国、朝鲜都曾在海贼及秀吉的侵朝行动中吃过苦头，因而，日本、中国、朝鲜在限制海上交流并由国家进行管理、相互之间保持和平方面达成一致，当今学界一般将上述政治体制称为"东亚海禁体制"。

事实上，"锁国"这个词本身在拉克斯曼来航之际尚不存在。据说享和元年（1801年），兰学者志筑忠雄在翻译17世纪末来到日本的医师肯普弗的著作《日本志》时，创造了"锁国"一词。而幕府首脑开始使用该词是在19世纪中期之后，是半个世纪之后的事情。

于幕府而言，如果不是家光以降外国船只偶然来到日本，"锁国"只会作为事实一直不引人注意地存在下去。然而，以拉克斯曼及列萨诺夫等主导的"俄国来临"为契

● 锁国是江户幕府的祖法吗？

幕府体制初期规定的是，日本人禁止出航海外，在外日本人禁止归国，与朝鲜及琉球建立国交，到长崎的贸易船只仅限于荷兰船与中国船，彼时尚无"锁国"一词

志筑忠雄《锁国论》
在翻译元禄三年（1690年）来到日本的德国医师肯普弗的著作《日本志》时，志筑忠雄创造了"锁国"这个词。该译著完成于享和元年（1801年），仅比列萨诺夫来航早三年（早稻田大学图书馆藏）

此时期外国船只开始频繁出现在日本近海

**人们开始担忧来自海外的威胁，并由此开始
意识到自己国家的状态**

> 对于锁国的认识，即便在日本人之间也只是刚刚形成而已，但幕府却将其作为"驱逐"俄国船只的"权宜之计"，加以祖法化

机，幕府强烈意识到"锁国"的存在。幕府没有选择的余地，必须采取应对措施，为驳回他们"开国"的要求，"锁国"观念被迅速塑造为家康以降的传统"祖法"，上述被日本史研究者称为"锁国祖法化"的流程或许最接近实情。藤田觉的著作《近世后期政治史与对外关系》对上述锁国祖法化的政治过程有明确记载。

话说回来，虽然德川幕府委婉地赶走了谋求通商的俄国使节，然而事态还是发生突变，情势急转直下。

俄国船只袭击事件

由于德川幕府拒绝通商，列萨诺夫离开日本。然而，由于在日本被置于幽禁状态长达半年，他对自己所受到的野蛮待遇感到强烈愤慨，遂着手计划报复日本。而更为紧急的是，他所经营的俄美公司因补给不足而出现死伤人员，情势极为严峻。在此状况下，文化三年（1806年）九月，受列萨诺夫命令，俄国军舰朱诺号（Junona）对桦太南部松前藩的设施发动突然袭击。担任指挥的是赫沃斯托夫大尉，他本身既是俄国海军官员，同时也是列萨诺夫的俄美公司的职员。

俄国人登陆后，烧毁了担任此地警戒职责的松前藩的所有设施。此事件是镰仓时代蒙古来袭即所谓的"元寇"以来日本面临的最大的对外危机，故被称为"露寇"事件

（文化露寇）。

之后，翌年即文化四年（1807年）四月，两艘俄国船只出现在择捉岛，对幕府的警备设施发动袭击。在此处，他们同样夺取水及食材并烧毁建筑物，极尽野蛮之能事，担任择捉岛警备任务的南部藩炮术师大村治五平在其日记《私残记》中详尽描述了此时的情景：

> 红毛鬼们当即登陆。以车载大炮运至陆地，二十三四人登陆后，将大炮与铁炮不绝发射过来。（森庄已池译现代语版）

面对此状况，日本方面的守卫兵们毫无还手之力：

> 此时，壮丁渔夫们都肩扛铁炮，逃往山中。不仅壮丁渔夫，几乎所有人都消失得无影无踪。红毛鬼们放火烧毁房屋与窝棚，又登上船只，从船上发射铁炮。（同前）

警备兵们不仅未正面迎战，反而一逃而散。当时的幕府官员错误地判定"俄国本就不喜攻战"（《休明光记》）[1]，

---

1 本句引用文献以及其他文献中提及的"俄国"原文均为"ロシア"，即"露西亚"或"鲁西亚"，为叙述之便均译为"俄国"。——译者注

结果被攻了个手足无措。留下《私残记》的大村治五平在山中被俄国兵捕获，成为俘虏。《私残记》本身只是写在每页400字、共70页稿纸上的短篇记录，但同时收录了以大村被俘后在俄国舰船上的经历为素材所作的画。这些画详细描绘了俄国舰船内部的格局、武器的种类、俄国人的身姿等，从中可清晰获知彼时俄国方面的情形。大村在俄国舰船上吃到了砂糖，对其甘美的味道赞不绝口。

俄国兵袭击了择捉岛，日本守备军不战而败，这个信息迅速席卷江户。当时，江户市内出现了这样的和歌：

> 虾夷之浦，出门一观，仓皇逃窜之武士蠢辈，束手望天。

众所周知，此乃对《百人一首》的古诗歌"田子之浦，出门一观，白妙之富士高巅，白雪飘然"（山部赤人）的模仿。人们在上述狂歌中寄托了对守备军的惨败进行批判及讽刺的心情。关原之战等真正的战乱结束后历经近两百年，虽说是武士，却已然不惯作战。人们普遍认为这便是所谓的和平懒散症即情绪上产生的懈怠心理，因而通过打油诗等形式讽刺这样的武士乃是"日本之耻"。大村等人虽号称在防守俄国舰船，然而就连测量防御海岸的水深、预估敌方的入侵路线等基本工作也未进行。要说他

● 列萨诺夫的报复宣告开始——露寇事件

列萨诺夫试图通过威吓幕府迫使其让步，于文化三年（1806年）九月袭击桦太南部松前藩的设施。翌年四月又袭击择捉岛的幕府设施。俄国军舰上装载有大炮，将其通过车辆运上陆地后，立即展开猛烈攻击

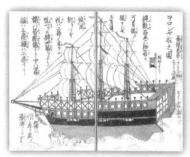

大村治五平《私残记》中所绘制的俄国船与俄国兵（大村次盛藏，岩手县立博物馆保管）

日本方面用于应战的佛郎机大炮（照片/保谷徹提供）

不得不携堪称两百年前遗物的战国时代武器参战，这也是实情

幕府及津轻藩、南部藩的守备军几乎不战而退

作为军事政权的德川幕府威信扫地

们做了什么，那可真是国家之耻，他们教授头盔帽绳的系法。人们都说日本人重视他人的眼光，在礼仪、礼法方面做得非常好，但在需要自己主动思考最重要的事情并加以实施方面却非常糟糕，大村等人的做法便是对此观点的最佳注脚。比如，我对红酒杯的持法非常讲究，日本文学研究家唐纳德·金（Donald Lawrence Keene）看到后曾对我说"日本人将一切都变为礼法"，听到这句话，我的眼前不由浮现出在礼法层面思考战争的日本人的形象。

平成二十二年（2010年），人们确认俄罗斯圣彼得堡的博物馆中收藏有多件上述露寇事件之际俄方从日本掠夺的兵器。经鉴定，其中有两门是战国时代武器的佛郎机大炮，这个信息在报纸上也有报道（《朝日新闻》2010年9月6日）。据推测，一门是丰后大分的战国大名大友宗麟使用过的被称为"国崩"的大炮，另一门是丰臣秀吉出兵朝鲜之际带回大阪城的被称为"铜大破罗汉"的大炮。

收藏品大多未见损伤，这也佐证了从津轻、南部藩调来的日方守备军几乎不战而退的历史记载。日本便是凭借堪称战国时代"遗物"、历来礼法中并不存在的兵器迎战俄军的。

开国论与锁国论

上述两次俄国的袭击事件对幕府造成了很大的冲击。

幕藩体制是凭借将军的武威即"幕府很强大"的权威方得以成立的。虽然已经长达两百年没有实战的机会，然而将军仍然被尊为统治者并能够行使权力，主要是因为他拥有能够控制诸大名的武力。幕府的本质是"军事政权"，其权威的根源是武力，一旦被认为软弱，政权便无法维持。他与既无武力、经济基础也很脆弱、仅凭血统感召力保障地位的天皇完全不同。幕府在幕末未能征服长州、在鸟羽伏见之战中战败后，日本全国的大名们便立即树倒猢狲散，抛弃了德川，从中也可明确看出将军与天皇的不同之处。即便战败，朝廷（天皇）也可维持，而掌握武力的幕府却一败便再无翻身的可能。

故而，对于幕府来说，无视俄国进攻自不必说，即便是与之战斗后遭遇战败也是绝不容许的。因而在露寇事件中，幕府必须不惜一切代价应战。

接到遭遇俄国舰船袭击的报告后，幕府立即命令东北诸藩向虾夷地派兵、增兵。择捉岛袭击事件的翌月，津轻、南部、秋田、庄内各藩分别向虾夷地派兵3000，在箱馆至宗谷、斜里等海岸线的要地部署藩兵。同时，幕府出台所谓的《俄国船只驱逐令》，通报各藩，今后一旦发现俄国船只便立即予以驱逐，如其接近海岸则予以逮捕或斩杀，至此，本国与俄国的军事冲突达到顶点。

同时，露寇事件还导致有关开国还是锁国的争论异常活跃。杉田玄白、大槻玄泽等兰学者换言之即精通海外事物的开明派人物提倡承认通商的开国论。他们大多认为即便与大国俄国开战也并无胜算，倒不如开放通商比较符合情势。与他们相反，国学家平田笃胤则将俄国视为假想敌国，坚定地认为应该与俄国斗争。后世普遍认为平田国学对尊王攘夷思想的形成产生了很大的影响，并为推行明治维新提供了思想上的土壤，然而促使笃胤立志研究国学的契机据说便是上述露寇事件。一旦邻国日渐强大并威胁到本国，爱国心便会应运而生，此乃古今内外常见之事例，而日本在此时期，也由于俄国船只的数度袭击，导致开国论与锁国论甚嚣尘上、争执不休，并由此引发了之后的幕末论争。而幕府为了保存自己的颜面，倾向于"锁国"。

走向规避武力冲突

文化四年（1807年）十二月，幕府发布《俄国船只驱逐令》后，在隆冬的知床，幕府在海岸部署了约100名津轻藩兵负责警备。津轻藩下级藩士斋藤文吉（胜利）在其日记《松前诘合日记》中描述了士兵们在严寒之中仅凭微薄的装备与食品担任警备工作的状态：

> 日复一日放眼望去，海上都是一片海冰。
> （中略）其上又再覆海冰，终成一座大山。众人均
> 震惊不已。

据日记记载，几乎每天都有士兵因寒冷与营养不足
患上浮肿病而一病不起。世上最悲惨的莫过于既无情报也
无补给的军队。100名津轻藩兵中有72名未能熬过严冬，
埋骨斜里。很长一段时间，上述"津轻藩士殉难事件"在
津轻及斜里都是"不为人知的悲剧"，直到昭和二十九
年（1954年）《松前诘合日记》被发现后，才开始广为
人知。

几乎与此津轻藩士殉难事件同时，幕府内部就虾夷地
警备方式展开了激烈的论争。文化五年（1808年）二月，
幕府老中们向统治虾夷地的松前奉行征求意见，询问"虾
夷地警卫该当如何进行"。对此，松前奉行表示"常听闻
俄国不足惧之论，此实乃危及民命的浅见"（《虾夷地取
计方之义的申上候书付》《海防续汇义 卷之三》）。

松前奉行在此使用"民命"一词，呼吁规避因与俄
国的纷争而导致无谓地危及人生命的事态。呈报书继续
写道：

> 虽仙台、会津两藩已出兵三千，然人倦马

疲。即令发动两万、三万之兵，亦难警戒虾夷地
全境。

　　呈报书的主要内容是向幕府报告担任虾夷地警备任务
的东北诸藩士兵们的困境，并进一步分析当前推行的海岸
防卫策只会让国力更加凋敝。收到松前奉行的汇报后，老
中们答复曰"总之，应适时酌情处置"，事实上将是否执
行驱逐俄国船只的决断权交予了松前奉行。

　　另一方面，在俄国，发动袭击的主谋们因为未等到
皇帝的许可便采取了独断专行的举动，此时已被送进了萨
哈林监狱。而1807年择捉岛袭击发动之际，挑起事端的列
萨诺夫已于横穿西伯利亚前往圣彼得堡的途中病情恶化去
世。换言之，虽然彼时德川幕府无从得知此事，但俄国船
只事实上已不可能再次对日本发动攻击。

　　如此，文化年间与俄国的军事冲突以虚幻告终。然
而，就彼时的情势而言，一着不慎日本便会陷入与大国俄
国发生战争的非常事态，这一点毋庸置疑。明治三十七年
（1904年），日本与俄国之间发生了被称为世界首次大规
模近代战争的日俄战争，而在约百年前，两国差一点陷入
该称其为"第〇次日俄战争"的战争，我认为此事实值得
大书一笔。日本史上存在着一次"虚幻的日俄战争"。

　　通过上述一系列纷争，幕府开始针对对外危机加强

● 锁国意识的高涨——选择规避武力冲突

为防备俄国船只再度发动袭击，幕府于文化四年（1807年）出台《俄国船只驱逐令》。同时在南部藩、津轻藩等东北诸藩大规模发动藩士，加强虾夷地整体的警备态势

津轻藩士殉难慰灵碑（北海道斜里町）
在知床部署了100名津轻藩士，然而由于寒冷与准备不足、营养不良等接连出现病人，最终72人去世（照片/斜里町知床博物馆藏）

松前奉行提交的呈报书

> 常听闻俄国不足惧之论，此实乃危及民命的浅见……
> 虽仙台、会津两藩已出兵三千，然人倦马疲。
> 即令发动两万、三万之兵，亦难警戒虾夷地全境

- 暂缓执行《俄国船只驱逐令》
- 通过"锁国"祖法化，规避对外危机
- 向比起行使武威、更重视民命的政治转换

进一步维持了长达50年的泰平盛世，
庶民文化绽放出灿烂的花朵

防备，强化海防体制。我们可以认为，正是国防意识的提高，才带来了江户时代后期持续繁荣的结果。然而另一方面，或许是为了在动荡不稳的舆论中挽回自己的威信，幕府向光格天皇汇报了事情原委，而这也在事实上创造了幕府在国政——尤其是对外关系——方面不得不看朝廷脸色的"先例"。以此事件为肇端，与佩里来航以降的朝幕关系极为相似的状况就此出现。

"民命"之重

接下来，在本章即将完结之际，我们来看一下值得关注的部分。

就在被派往虾夷地的诸藩士兵们承担着严苛的任务之时，身为幕府官僚的松前奉行正不卑不亢地对老中们陈述着自己的意见。换言之，身为派出机构的公务员针对一国的外交方针向中央政府表达了自己的不同观点。

首先我想要指出一个事实，正如松前奉行使用"民命"一词所体现的对人的生命的尊重意识，在身份制度根深蒂固的彼时，"保护民众的生命与财产"是整个社会共有的价值观。

有一个传说真实地反映了幕府的上述价值观。幕末，德川幕府在长崎创办西洋医学的医院。为此，幕府请求一位贫穷的农民让出其土地作为医院建筑用地，然而农民坚决不肯答应。面对此状况，幕府并没有强制性夺走农民的土地，而是认可农民的主张，重新选择别的土地。即便是当今，只要国家、政府的目的具备公共性，便可征用民众的土地，然而幕府却未这样做，从中也可窥见其尊重人民生命财产的价值观，正是这种价值观才创造了德川长达两百年多年的历史。

通过克服露寇事件这个对外危机，德川和平得以继续维持，而这也带来了文化文政时期都市文化的成熟。我们在历史剧中所看到的江户时代主要是天保（1830—1844年）以降的情形。如果在此露寇事件的处置过程中稍有差池，便会出现一个完全不同的德川日本，相应地我们在电视剧中看到的日本也会完全不同。

露寇事件约50年后，日本因为黑船来航即在佩里的武力威吓下被迫强制开国，于幕府而言，解决与俄国的对外危机便成为应对外国威胁的预先演习，换言之便是起到了疫苗接种的作用。也正因为有了此经验在先，幕府才勉强得以做好了应对黑船的心理准备。我们经常会听到这样的说法——美国＝佩里打开了日本的近代大门，这种说法是不正确的。俄国才是唯一与日本国境相连的西洋国家，首先有了与俄国对峙的前史，才有了日本的近代化。未能正确讲授上述前因后果，是日本历史教育的一大憾事。

假如此时期日本陷入与俄国的战争深渊，之后的历史会如何发展呢？首先可以确定的一点是，不可能出现和平的町人文化的繁荣等状况。19世纪初期阶段，日本应该会被卷入与幕末同样的混乱与对立的旋涡之中。若果真如此，完成于江户时代、我们称其为"江户文化"的文化"成果"便无法最终成熟。而从更加现实的角度看来，幕府强制诸藩出兵会导致幕藩体制产生动摇，或许在佩里来航之前德川体制便已开始崩坏也未可知。所幸的是，通过成功应对上述事态，德川幕府实现了江户时代后期的繁荣，将其命脉又延长了五十多年。

持续时间颇久的"德川和平"在世界史上也堪称是一个奇迹，然而事实上其和平也并非没有任何波折的彻底和平。对于德川幕府而言，堪称"灾难"的露寇事件自不必说，"德川和平"正是通过"克服"此类对外"危机"，方得以"维持、延伸"——这一点，希望诸位能够了解。

那么，以露寇事件为契机得到人们重视的"维持人民生命与财产"的价值观及"保护民众"的政治意识是如何形成的呢？露寇事件是国际纷争，而在整个江户时代，威胁人们生活、动摇幕府统治的，却多是"自然灾害"。

下一章我们将回溯至江户时代中期的天明年间（1781—1789年），看一下以幕府为首的统治阶层是如何应对上述危机的。

第二章

饥馑催生的巨大改革

1783

前所未有的大饥馑导致多达100万人成为饿殍，同时也促使幕府产生了"为民之仁政"的意识。

转折点◎浅间山喷发、天明饥馑

江户时期的雇用创出场所、向冈公园（福岛县塙町）

幕府中兴之祖吉宗推行的改革

江户时代维持了长达260年的和平，是世界史上罕见的安定社会。第一章中，我们主要关注了德川幕府规避与俄国的对外危机、重新认识到尊重人民生命财产的价值观的重要性并因此成功将社会的繁荣维持至江户时代后半期的过程。

那么，上述"守护国民的政治"意识是何时、如何产生的呢？为了探索该问题的答案，本章我们将回溯天明年间（1781—1789年）的时代史。本时代的转折点是天明三年（1783年）发生的浅间山喷发及之后的大饥馑即天明饥馑。江户时代是农业社会，故而彼时自然环境对人们的影响与当今完全不可同日而语。以此视点重新审视江户时代极为必要。

首先，我们来梳理一下该时代的政治史流程。八代将军德川吉宗推行享保改革并谋求宽松的幕府财政、紧缩的政治，在历代将军中被封为德川中兴之祖。吉宗就任将军之前的17世纪末至18世纪初，江户、名古屋等大都市迅速发展，推动人口加速向都市集中。都市中的消费增加，除了米之外的其他商品开始大量生产、流通、消费。故而，除了武士，制造或经营米之外的其他商品的人开始富裕起来。"米"在经济活动整体中所占的比重下降,之前一直扮演日本经济 "基本通货"角色的"米"的相对价值开始下跌。"如何制止米价的下跌"便成为将军吉宗政治的基本命题,同时也成为困扰吉宗一生的难题。吉宗被称为"米将军"便是源自于此。

武士的收入是由石高[1]决定的,因而若是相对米价下降,会导致武士生活窘迫。武士靠出售从农民那里征收的年贡米维持生活。幕府财政同样如此,一旦米价低迷,则依赖年贡米的幕府财政也会相应低迷。

吉宗就任将军之际,幕府财政已然很是紧张。为重振财政,他推行享保改革。其改革的两大支柱是紧缩财政与提高农业生产。减少开支,通过提高生产增加收入,这是改革的不二法宝。从纪元前至现代,重振财政的方法均是如此。

吉宗为推行财政紧缩,力图彻行俭约。然而,不管如何抑制财政支出,不增加税收便无法从根本上解决财政赤字问题。故而,为增加税收,吉宗断然推行两项政策:一是新田开发,一是年贡增收。享保七年(1722年),幕府

---

1 石高:"石"是容积单位,当今1石约相当于大米150千克,"高"指的是数量,"石高"在近世日本指的是以石为单位表示土地的生产性。太阁检地以降地租改正之前,"石高"都是大名、旗本的收入及知行、军役等诸役负担的基准。同时,向农民征收年贡米时也是以石高为根据。——译者注

颁布新田开发令，推动各地开发新田。越后的紫云寺潟新田、下总的饭沼新田、武藏的见沼新田及武藏野新田等均是开辟于此时期。

另外，至此之前，幕府领征收年贡时，依据的一直是根据每年的收获量决定年贡量的"检见法"（检见取法），而自此开始，转为一定期间固定征收年贡额的"定免法"模式，希望通过此举防止官员的不当行为并实现税收的稳定化。同时，他还提升年贡率。之前幕领的年贡率约为四公六民即年贡率为40%，而以享保十二年（1727年）为分水岭，实现五公五民即提升了10%。

通过上述努力，幕领的年贡总额自享保元年（1716年）至享保十一年平均每年为140万石。享保十二年至元文元年（1736年）则达到156万石，年平均增加了16万石。有传言说幕府的统治者们曾放言"香油与百姓都是越挤收获越多"，而事实上他们也正如自己所言，大踏步迈上彻底的年贡增收之路。

享保改革带来的结果是，幕府的年贡收入有了相应的增加。除此之外，吉宗还推行殖产兴业政策，促进甘薯（地瓜）及漆树（蜡烛的原料）等的生产，并致力于高丽参等舶来品的国产化，以此推动财政再建。享保十五年左右，江户城的国库已有了相当大的储备量。

然而另一方面，吉宗政权推行的强制性年贡增收加大了庶民的不满，导致要求罢免代官的呼声日益高涨，百姓武装暴动频发。这种动向成为破坏幕府统治稳定的负面要因。

田沼政治的功过

在吉宗政权后，承担幕府财政改革任务的是老中田沼意次。意次之父田沼意行本是纪州藩士，藩主吉宗就任将军之际随行至江户并成为新晋旗本。意次成为吉宗的世子家重的侍童并由此平步青云，接连服侍家重、家治两代将军，从石高仅仅600石的旗本一举升至老中，成为石高57 000石的大名，实是世所罕见的晋升之路。

田沼通常被世人视为推行贿赂政治之人，然而实际上他很关注商品经济、货币经济的进展，重新审视之前仅依赖年贡收入的幕府财政基盘，是一位具备一定先进性的政治家。田沼努力为之前全盘依赖“米”的幕府寻找新的财源，谋求从商业及流通方面增加幕府收入。在当今，其政策被视为重商主义的积极政策，所获评价甚高。

其中最具代表性的是股友的积极公认政策。事实上，在此之前股友也是存在的，而田沼则积极推动参与米之外的特产品、商品生产及其流通的商人阶层结成股友组织。他们作为幕府公认的股友商人，从幕府得到特定商品的采买权、独家销售权，作为回报，他们向幕府交纳另一种形式的租税——冥加金。另外，田沼对日本北方（虾夷地以北）的物产开发也表现出强烈的关心。国家若无税收则无法成立。而社会及经济是有生命的，并非一成不变。如果一直维持古老的税制，就如体形发生变化、衣服却不随之更换一般，极不正常。根据社会经济的变化更改税制，这样的国家方能延续下去，然而制定新税制却又牵扯到既得利益，推行的难度极大。但是，田沼还是毅然对此出手了。

　　由于田沼推行的上述财政政策，幕府财政看来似乎有所好转。然而，进入天明年间，气候异常状况旷日持久，各地相继出现灾荒。过于关注商业、对农村救济策略不足的田沼政策显现出其负面影响，离开凋敝的农村、流向都市的人口剧增。这招致了极为严重的事态，使得农村在荒废的道路上越走越远。

前近代的政治"有财政无福祉"

　　我们换个角度来看，其实将军吉宗也好田沼也罢，他们所推行的政策从根本上来讲是为了解决幕府的财政困难。再极端一点或许我们可以说，填满幕府的金库就是他们的目标。新田开发及关注商业、流通的目的是扭转幕府

● 幕政改革是为谁？

时间跨度长达260年的江户幕府，由于饥馑、天灾、人口增减及经济结构的变化等原因，数次遭遇财政困难。虽然推行了幕政改革，然而……

享保改革（1716—1745年）

第八代将军德川吉宗

开发新田，奖励俭约，厉行征收年贡，增征年贡米

虽被称为米将军……

深受重税之苦，农民暴动频发
江户出现首次捣毁事件

田沼时代（1772—1786年）

老中田沼意次

培养、强化股友，征收运上金、冥加金，开发虾夷地，振兴贸易

虽然谋求商业的保护及培养……

被搁置的农村因灾荒而
活力低下

为何进展不顺呢？

在他们看来，"幕政改革"="重振幕府财政"，
对人民的关注缺失

"税金 ←→ 服务"是近代国家的观念

财政的局面，实现领民的福祉并非他们的最终目的。虽然采取的方法不同，然而目的都是增加幕府财政，在这一点上，吉宗与田沼完全一致。

即便是在现代政治中，财政再建、财政健全化往往也被定位为重要的政治课题、目标。然而，如果财政再建、财政健全化是为了实现自我目的的话，那便本末倒置了。现代国家的政治及税制的目的从长远来看是为了实现国民的福祉。现代国家并非靠税金生活之辈的私物。根据社会经济的变化相应地调整税制、向全体国民提供可持续福祉才是现代国家应当做的工作。然而，只有贤明的国民加上贤明的政府方能实现此目的。我们必须对江户时代予以考察的原因也正在于此。我想首先了解日本人在过去经历了怎样的"公"之后，再考察当前的情势。

那么，江户时代出现了可持续的国民福祉这一思想的萌芽了吗？事实上，在此时期，以"经世济民"思想为基础的行政虽不完善却已呼之欲出。"财政健全化虽然很重要，然而，唯有出台能够发挥国民积极性的政策，方能稳固统治"的思想已然形成。在之前的幕府体制下，幕府的存在方式堪称是"有财政无福祉"，征收税金便须提供相应的行政服务这种现代观念，彼时的幕府是一概皆无。

于幕府而言，所谓年贡只是单纯的"地租"，并非可兑换行政服务的"税"。打个比方来说，幕府及大名就相当于房东，农民就相当于租客，年贡便是租客向房东支付的房租。因而，幕府及大名仅收取年贡，却并不提供任何对等补偿。因而，即便发生大饥馑，民众忍饥挨饿、人口大量减少，对此漠不关心、不提供任何救助措施的领主也不在少数。

当然，仁政意识作为儒教思想之根本，幕府还是有一定了解的。然而其基本思路是，君主或当政者通过"仁"来体恤人民，人民思慕其"仁"而对其敬服。归根结底，它不过是维护当政者统治地位的思想而已。若当政者有仁心，被民众称为"救济"的福祉便会作为当政者的恩惠施予民众；若当政者没有仁心，民众便完全不会得到任何福祉。对于民众而言，福祉并非必然应有的权利，而是有可能获得、也有可能不得的恩惠，当然更非基于天赋人权思想——即国民生来便拥有享受福祉的权利——的福祉。

浅间山喷发至天明饥馑

导致上述幕府的存在方式发生根本性变化的，是天明三年（1783年）的浅间山大喷发。彼时正是田沼时代末期，各地因气候不调导致灾荒频发，关东地区从早春开始便阴雨连绵，直到六月人们仍穿着过冬的衣服。

是年四月九日（阳历5月9日），伴随着巨大的轰鸣声，浅间山开始喷发。进入六月下旬，喷发强度日渐增加，终于七月八日，伴随着震耳欲聋的巨大声响，浅间山由喷发变为爆发。火势夹杂着浓烟喷上高空，熔岩流裹挟着大量的泥石流如雪崩般涌至山的北侧，泥石流吞没了山麓的多个村庄后涌入吾妻川。吾妻川因为大量的土砂、岩石涌入先是形成堰塞湖，很快又决堤成为泥石流，在与位于今群马县涩川市的利根川合流处涌入利根川，给下游一带造成了大规模的洪水灾害。向浅间山北麓流出的火山碎屑流成为粉体流，笼罩了整个镰原村（群马县嬬恋村）。

至今仍然可以看到的鬼押出便是最后喷发出的黏性较强的熔岩流固化而成的。据记载，被泥石流淹没的镰原村共出现了477名（另有466名的说法）死者，通过挖掘现场，当前我们已清晰了解了彼时的受灾情况。

据推测，本次大喷发的直接受灾情况为，受灾村庄55个，因熔岩流及泥石流导致的死者为1624人，流失房屋1151户，因泥石流进入田地损失粮食5055石（《群马县史》）。然而，受灾还波及了更为广泛的地域。火山灰落入关东一带，即便是遥远的江户也落下了厚达三厘米的灰尘。农作物及房屋受灾严重，尤其是火山烟乘偏西风飞向东方及东南方，导致浅间山东南方向的农作物受灾尤为严重。

喷发的影响并未止步于关东地区，甚至东北地区也深受影响。喷发产生的火山灰喷涌向上直达平流层，遮挡了太阳光的照射，导致气温低下，给各地带来了冻灾。

雪上加霜的是，偏偏在这一年，从鄂霍次克海高气压吹来的"山背"（冷湿东北风）导致的冻灾席卷了东北地区。被称为"天明饥馑"的前所未有的巨大灾害便是在上述一系列因素影响下发生的。

一般说来，广义上的天明饥馑是对天明年间发生的各地灾荒及饥馑的总称，而狭义上的天明饥馑则指的是以东北地区为中心，以天明三年秋的冻灾所导致的大面积灾荒为肇端，一直持续到翌年并导致出现大量饿死者的饥馑。

作为《解体新书》的作者而广为人知的兰学者杉田玄白在题为《后见草》的见闻录中记载了此时发生的天崩地裂、天灾。据他记载，东北北部的南部地区、津轻地区的饥馑灾害尤为严重，每天都有大量灾民出现，逃往其他领地。然而，流亡地也并无富足的粮食分发给灾民，每天都有1000到2000的灾民被逼入饿死的绝境，而留在村庄的人也因粮食严重不足甚至出现了人吃人的现象。

青森县八户市的对泉院中留有一座为供奉饥馑牺牲者而建造的"饿死万灵供养塔"。很多经历了饥馑的村庄建有供奉饿死者的供养塔，这个也是其中之一，其碑文中明确记载了饥馑的惨状。

四月十一日清晨，电闪雷鸣，山背袭来，大雨倾盆，直到八月底未曾停歇。九月一日，天光久违地放晴。夏日期间极为寒冷，乃至需穿棉衣。故而，水田旱田作物皆不成熟，一直保持青色。人们每日入山，采挖蕨菜根，海草及山菜自不必说，甚至连稻苗等各种植物茎部都被磨碎吃掉。（中略）翌年，领内完全没有收成，传染病流行，很多人饿死，尸体堆积如山。城邑及村子里几乎每日均有火灾发生，入室抢劫等频发。但是，新井田村（该碑所在地）却未发生火灾。领内总人口六万五千多人，三万多人死去。（中略）房屋二百七十二间，一百三十六间倒塌。此乃前所未有之事。今后请储备好米和谷物。

在此，我想提请各位读者注意的是碑文末尾所记载的对后世的告诫之语——"储备好米和谷物"。一旦发生无法抗拒的天灾，上面的人是不会为民众做任何事的，只能靠自己想办法救助自己——。或许这是所有人的共同想法吧。

饥馑昭示的政治矛盾与局限性

江户时代的三大饥馑指的是"享保饥馑"、"天明饥

● 由农村席卷都市——天明大饥馑

天明三年七月，浅间山喷发，火山灰覆盖关东一带，给农作物带来严重灾害。其影响甚至波及东北地区（小诸市美齐津泽夫所藏《浅间山夜分大烧之图》，群马县立历史博物馆提供）

同年，火山喷发再加上山背带来的灾害，导致东北地区大面积灾荒，据信两年间死者超过30万人（福岛县会津美里町教育委员会藏《天明饥馑之图》）

米的不足导致居住在都市的庶民也感到生活窘迫，以江户、大阪为代表的全国主要都市捣毁事件频发

江户一时陷入无警察状态

馑"与"天保饥馑",而这其中,无论是从受灾程度的严重性还是从社会影响力、政治影响力来看,天明饥馑都堪称是最大的饥馑。

享保以降,幕府每六年都会对武家人口之外的全国人口进行一次调查,根据这个调查记录,我们将天明饥馑前的安永九年(1780年)与饥馑后的天明六年(1786年)的人口相比较后会发现,人口减少了92万多。

另外,根据作为八户藩的饥馑记录而广为人知的史料《天明卯辰梁》,远古的神话时代无从知晓,然而进入人王时代以降,似乎从未发生此种程度的"巨变"。寿永(源平合战)、承久(承久之乱)、建武延元(南北朝战乱)等中世战乱中的死者与本次饥馑中的饿死者相比,不过是"沧海一粟"。

天明饥馑既是前所未有的饥馑,也是最严重的天灾,它的影响范围不仅局限于农村,还波及了都市。灾荒导致米价暴涨,都市陷入慢性米不足状态。在此状况下,出现了很多囤积大米的商人。因为米不足而困顿不堪的庶民的不满迅速攀升达到爆发点。

天明七年(1787年)五月二十日,住在江户六间堀町某小巷子里大杂院中的8名工匠闯入粮商店铺,要求他们施米(施舍米)。然而他们的要求并未得到满足,于是冲破栅栏,发动了捣毁商品及家产的暴动。虽然他们并未抢夺物品，然而这个暴动很快便波及整个江户城，至二十四日，演变为全城都不分昼夜打砸的严重暴动事件。

事实上，在此时期，江户之外以大阪为主的其他主要城市也频频发生打砸事件。上述发生在江户的打砸事件也是在都市市民起义的背景下发生的。事件发生之初，幕府未能采取有效对策，江户城一时陷入无警察状态。町奉行曾企图率领与力[1]、同心[2]进行镇压，结果反被起义市民的气势所压倒，无奈折返。二十四日，终于火付盗贼改方[3]长谷川平藏等御先手组[4]开始巡查城中，暴动趋向平静。

在上述动乱不安的氛围中，政治变动也频繁发生。首先，江户打砸事件的三年前即天明四年，担任若年寄的田沼意次之子意知在江户城中被砍伤，并因此伤而死去。与以天明饥馑为代表的天灾及饥馑相比，这个事件所导致的社会不安程度更为严重，对长期掌握幕府政治的田沼的反抗情绪、对贿赂政治的批判意识日益高涨。在此情势下，天明六年八月，将军家治病殁后，反田沼派谱代大名们风

1　与力：室町时代，跟从大名及实力派武将的下级武士。江户时代则是辅佐诸奉行、大番头、书院番头的人。也写作"寄骑"。——译者注

2　同心：江户幕府的下级公务员之一，受诸奉行、所司代、大番头、书院番头等的支配，在与力之下，承担庶务、警察事务等。——译者注

3　火付盗贼改方：江户时代，担任取缔放火、盗窃、赌博等重罪之职的公务员。——译者注

4　御先手组：江户幕府的军制之一，非战时驻防江户城，担任各门的守备、将军外出时的护卫、江户城的护卫等职。——译者注

传田沼毒杀了将军，田沼因此被迫辞去老中之职。

　　而之后虽然田沼派幕阁展开了长期的反抗活动，然而反田沼派们的活动也极为活跃，他们决心推举出身御三卿田安家的奥州白河藩主松平定信作为取代田沼的政治指导者。就在此局势下，发生了江户的打砸事件，暴动使得江户陷入一片混乱。而反田沼派趁机宣称民众起义乃是田沼派的弊政所致，并对当局不断施压。最终，田沼派的三位御侧申次役相继辞职。至此，自意次担任老中之后持续长达十五年的田沼时代宣告终结。

　　如上所述，天明饥馑给政治带来了极大的影响。细想来，江户这个时代似乎总是在与饥馑斗争，可谓是遭遇饥馑、思考重振之策两个命题无限循环的时代。其所面临的最大课题是如何阻断饥馑—武装暴动—打砸事件这一系列连锁反应，然而这绝非易事。

　　最大的原因便是以米为中心的农业构造。彼时的日本是建立于面积不大的岛国上、能够养活三千万人口的高度发达的稻米社会。其国土面积约七成是山，很少有大规模的农业经营活动，导致国民经济严重依赖有限的土地所生产的农作物。再加上所谓的"锁国"政策，从海外大量进口粮食也是行不通的。

　　换言之，日本的农业是通过百姓们的创意和钻研而得以成立的奇迹般的农业。因而，一旦发生大规模的自然灾

171

害，农业便会遭受重创，并随即导致国民的经济生活陷入危机。可以说，彼时的日本经济是对灾害承受力最弱的经济体制。

原本社会构造就很脆弱，再加上浅间山喷发及冻灾等气候异常的打击，天明饥馑就此发生。而支配阶层及民众都从这个危机中吸取到数个教训。其一是，过于依赖大米的经济体制是有局限性的。虽然田沼从财政角度意识到了上述问题并转而重视商品经济，但却导致了农村的凋敝，酿成了无可挽回的恶果，这不能不说是极为讽刺的一件事情。

其二是，如果一如既往地对民众不施任何援手，则无法阻断饥馑—武装暴动—打砸事件这个连锁反应，社会安定便无从谈起。通过这个大饥馑，江户时代的当政者阶层切实认识到"民富论"式思考方式——即唯有激发民众的活力，年贡收缴率才能提高，政情才能安定——的必要性。

名代官时代

田沼意次隐退后，就任老中首座之职的，是身负反田沼派众望的白河藩主松平定信。定信一改之前仅掠夺、不服务的政策，果断推行拯救民众的政治。以江户暴动为契

机诞生的政权经常被称为"打砸孕育的政权"，从该称呼
中也可知定信对天明打砸事件及其根源——饥馑——怀有
深切的危机感。定信执政后，首先便是制定饥馑对策，推
行所谓的备荒储备政策，即无论都市还是农村，都要储备
大米及金钱以应对灾荒及自然灾害。

　　东京都葛饰区的区立堀切小学里，遗有一座被称为
"乡藏"的仓库，能够为我们提供定信的民生改革的相关
证据。就任老中首座翌年即天明八年（1788年）四月，
定信开始执笔编撰其自身的政治论著作《政语》，列举出
十三条现实存在的政治课题，引用儒教的观念及中国的历
史、故事等对其加以解说。

　　在第七则《论财用之道》、第八则《论准备储积之
事》、第九则《论广泛设立储积之事》中，定信引用中国
历史，论述了储备粮食以应对荒灾等全国性非常事态的重
要性。在第八则中，他从中国的儒学经典著作《礼记》中
引用了如下内容：

　　　　国无九年之蓄，曰不足；无六年之蓄，曰
　　急；无三年之蓄，曰国非其国也。

　　国家若无九年份额的储备，是不足的；若无六年份额
的储备，则危险迫在眼前；若无三年份额的储备，则作为

173

● 宽政改革（1787—1793年）是为谁？

天明大饥馑导致田沼意次下台，白河藩主松平定信就任老中首座。他首先便着手制定饥馑对策

国无九年之蓄，曰不足；无六年之蓄，曰急；无三年之蓄，曰国非其国也

松平定信

宽政元年（1789年），定信命令在幕领的农村设置储备谷物的乡藏，并出台要求大名储备大米的《围米令》（照片为东京都葛饰区的乡藏）

在约50年后刊行的《广益国产考》中刊登的《向乡藏围米图》。围米已确立为江户幕府的政策（国立国会图书馆藏）

如不对人民施以援手，则国家无以为继。意识到这一点后，实现了向重民政的政治转换的重大转折

从军事政权转变为拥有福祉机能的政府

国家自身已不成立，无法称其为国家。

定信按照上述原则，于宽政元年（1789年）一月颁布了在幕领农村设置乡藏、储备谷物的公告。之后的九月，又向全国大名发布《围米令》，规定自宽政二年至五年间，按照每10 000石储存50石的比例在领地内储备大米。将储备的谷物与金钱作为基金，贷予贫穷者或在灾荒之际发放给灾民。

除此之外，定信还决心推行代官改革，将各地的代官尽数履新。因为他相信在重建农村之际，在农村直接与农民接触、负责年贡征收等具体行政事务的代官最为重要。宽政十二年（1800年）左右幕府代官共有58人，而天明七年至宽政六年的八年间，包括两名世袭代官在内共有44人被新任命为代官。在此之前代官按照惯例均为世袭，至此则不再受俸禄多寡、地位高低限制，不断任用有能力的人才。据说御目见以下的御家人及代官所的手代、儒者中也有人被任命为代官。

上述履新的代官中有一位寺西封元，担任的是陆奥国塙代官。寺西于宽政四年（1792年）赴陆奥国的塙（今福岛县东白川郡塙町）担任代官。最初管辖塙领60 000石及常陆小名浜30 000石，自文化十一年（1814年）起又增加了陆奥桑折领50 000石，直到文政十年（1827年）去世为止他一直担任代官，在职时间长达36年。在此之前，塙代官的平均在职时间约为两年十个月（也有三年六个月的说法），可见寺西在职时间之长实为异例。

甫一抵达塙，寺西立即对农村展开了彻底的考察，去亲眼观察其荒废之状。之后便立即着手进行农村、山村的复兴工作。其最主要的一项措施是推行桥梁修筑、堤防加固等土木行政。该措施不仅推动了社会资本的完善，而且增加了雇佣机会。之后，寺西命令村民们建设公园。而这个公园便是如今位于塙町市中心的向冈公园。该项工程虽然主要是为庶民建造休闲之地，但寺西也希望通过此工程，能够为在饥馑中困顿不堪的周边居民提供工作，补贴他们的生活。公共事业中也包含着救济贫民的目的。

另外，寺西还注意到在农村很少见到孩子的身影，这让他惊讶不已。彼时，在贫穷落后的该地区，广泛存在着掐死初生婴儿的习惯。而寺西认为要想实现农村复兴，增加人口是必不可少之策，由此他创立了阻止弃婴行为的"儿童养育金制度"。具体说来便是向生了孩子的家庭支付1—2两白银，如果该家庭非常贫困则同时发给其两袋大米，以确保穷人家庭也能够养育孩子。

除此之外，为增加劳动人口、促进地域活性化，他还奖励民众从其他地方移居至此，在领内各地召开心学讲和会，致力于对农村的教化活动。如此，寺西的民政涉及多个方面，其成果甚至得到了近邻诸藩的瞩目，寺西本人也深受民众尊崇。文政十年二月十八日，寺西以79岁之龄逝去，噩耗传至其领内后，村民们放声恸哭，宛如失去自己的父母一般，难抑悲痛。

为缅怀其遗德，领内各地建造了供奉寺西的寺西神社及寺西大明神、表彰碑、颂德碑等。另外，因其在养育儿童方面做出很大贡献，被称为育子之神，直至今天，在墙町的代官所遗迹中，为缅怀寺西仍供奉有"育子地藏尊"。通过珍视儿童，重建荒废之地，寺西的上述思想与近代以降的人权思想可谓不无相通之处。

在此时期，各地都出现了很多像寺西一样重视民政的代官。颂扬代官的民政的纪念碑、表彰碑乃至代官尚在世之际便被作为神灵供奉的生祠在全国多达91座，其中共有76座建于江户时代，43名代官成为纪念对象。

他们因其善政及行政手段获得了民众的支持，成为人们口中的"名代官"。上述名代官的存在象征着重视人的生命及生活的善政，而通过施行善政，因遭遇前所未有的天灾及饥馑而凋敝不堪的江户时代社会得以摆脱危机，走上农村复兴之路。由于《水户黄门》等电视剧的宣传，"代官"的恶人形象在今人心中已是根深蒂固，然而在江户时代尤其是后半期以降，在一线承担着我国行政的，正是代官们及村庄的村长们。在此，我想为他们正名，因为彼时无论是幕府还是藩，均是从武士当中挑选有学问的人物担任郡奉行及代官，所以他们不仅不是恶人，事实上反而多是能力很强的精英。

幕藩体制的转换

经历了以天明饥馑为肇端的各种全国性危机后，幕藩体制便不再是单纯的军事政权，虽尚不完备，但已逐渐开始转变为具备福祉行政机能的政府。换言之，幕藩体制从之前的"军事政权"开始变身为"重视民政的政府"。

在此时期，诸藩也与幕府的上述趋势联动，推行各种各样的"藩政改革"。比如水户藩与津山藩，为应对饥馑，在各村各庄设置备荒仓，发放儿童养育金，在怀孕登记书上记载孕妇信息并给予精心保护，通过上述措施，致力于维持农村人口。

从"民政"的视角来看，作为支配民众一方的武士显然不适合继续担任以往的职务。将领民登录在居民登记册上，奔走发放今天我们所说的生活保护补助，此类极为烦琐细致的行政服务绝非平日只会耀武扬威的武士所能完成的。因为重视民政，要求武士必须同时身为有能力的官僚。或许这可以说是与现代密切相关的官僚国家日本的萌芽。

我曾经在一本题为《武士的家计簿》的书中详细描写

了金泽藩被称为"御算用者"的经济官僚的生活实态。其中刻画的武士——作为官吏老老实实地完成自己的职责，为了"主家"努力工作——正是经历了本章所提到的"时代转折点"生存下来的。松平定信执政期间，幕府及各藩都开始通过"学问所"及"藩校"致力于发展教育。正是在"为了藩的未来"及"为了民众"的意识形成之后，并非通过家世而是凭借成绩开辟出自己的仕途、大量培养有能力的官僚等现象才得以出现。

由于松平定信及依据定信方针在各地积极致力于民政的代官们的施政，凋敝的农村开始复兴。另一方面，大量人口从农村流入都市，导致都市进一步扩大。而由于上述新都市民众需求的增加，使得餐饮业等都市特有的产业日益发达。江户后期，无论是都市还是农村，由民需主导的经济都大幅增长，这是不争的事实。可以说，这为江户后期形成成熟的文化做好了准备。

然而事实上在此之前，江户时代便已然构筑起安定的农村社会，打好了基础。正因为有了富裕的农村社会，因前所未有的危机所导致的政治思想及社会构造的转换才得以实现。

那么，构成江户时代基础的农村社会究竟是何时、以何种形式构筑完成的呢？下一章我们将回溯至江户前期，考察其构筑过程。

第三章

宝永地震·走向成熟社会的转折点

1707

遭遇大震灾后，江户的社会价值观开始由量的扩大转换为质的充实，由此构筑起富裕的农村社会。

转折点◎宝永地震、海啸

德岛县海阳町的宝永海啸纪念碑（德岛县危机管理部南海地震防灾课提供）

在第二章中，我们主要关注了幕府及诸藩在经历了天明大饥馑这个前所未有的危机后，开始改变之前纯粹的军事政权的特质，形成"守护民众"的政治意识，认识到福祉乃是国家及政府的职责这一过程。这可谓是向重视"民政"的政治的转变。我想，各位读者想必已然了解到，江户时代长达260年的和平与安定社会便是通过上述社会的蜕变、变革得以实现的。

那么，作为江户时代的社会基础，稳定的农村社会是如何构筑完成的？本章将主要对此进行回顾。

在本章，作为时代转折点、希望各位读者予以关注的，是宝永四年（1707年）发生的宝永地震及由该地震引发的海啸。2011年3月，东日本大地震给东北、北关东地区带来了人类历史上极为严重的灾难。而事实上宝永地震作为江户时代最大的地震，在东日本大地震发生之前，是日本史上最大级规模的严重灾难。除了地震带来的晃动，袭击了海边沿岸地区的海啸也造成了巨大的灾难，这是两次地震共同的特点。

有关宝永地震的实际情况，我们将在后面讲述，接下来首先梳理一下地震之前的时代状况。

大踏步迈向新田开发

江户时代前期，幕府及诸藩的领主积极推行新田开发，北起东北南至九州，水田迅速增加。当前我们所看到的以水田为主的农村景观便是此时期大规模的列岛开发所形成的。德川第五代将军纲吉治下的元禄时期，大阪汇集了全国各地的大米，达到了繁荣的顶点。全国的大名将从各自领地收取的年贡米源源不断地运往大阪的仓库。这些大米在大阪的大米市场被换为现金，成为诸藩的财政资金。

在此时期，致力于大米增产的大名们所推进的，是新田开发。不仅诸大名，町人及土豪农民也在全国各地积极推行新田开发。数百町步（一町步约为一公顷）至数千町步的大规模开发也并不少见。其结果就是，日本全国的水田旱田面积在江户初期即17世纪初约为200万町步，而至18世纪初达到300万町步，100年间增加了约0.5倍。

而耕地面积的扩大也导致了人口的增加。江户时代初期日本的总人口约为1500万人，而时至元禄时期达到约3000万人。耕地扩大及人口增加导致经济迅速增长，元禄期迎来了空前的经济高速成长时期。

为何大米会重要到如此地步？那是因为大米构成了彼时社会的基础。幕府及诸藩领主们征收年贡米后，留下藩内必要的数量，剩余部分均运往大阪，在大米市场上换成货币。于农民而言也是如此，此时商品经济已然渗透至整个社会，哪怕是一件日用品，也必须要将大米换成货币后方能购买。当时，经济及社会全盘均是以大米为中心运行的。

同时，在新田开发带来的大量增产中，大米成为最主要的商品作物，被大量从农村运往都市。这当然是为了满足急剧增长的大都市人口的口粮所需。大米成为都市居民的主食便是在上述大增产过程中实现的。然而，大米成为主食后导致大量消费，而为保障上述被大量消费的大米，又会进一步形成新田开发热潮，这种螺旋式上升看来似乎永无停止之日。对于领主们而言，新田简直就是"摇钱树"。

上述开发热潮之所以成为可能，唯一的原因便是幕府长期掌握政权，维持了和平稳定的社会。同时我们也必须清楚，如不进行新田开发，领主们是无法富裕起来的。战国时代至江户时代初期，大名们处于群雄割据状态，领主们可以通过战斗不断向外扩张自己的领地。

然而，战乱结束、进入德川时代后，秩序得以确立，通过武力扩张领地已行不通。在此背景下，领主们只能在自己的领地内提高生产力，谋求实质上的领地扩张，通过将低湿地及荒地开辟为新田，以图增收年贡。

● 米中心经济引发的新田开发热潮

米袋被运进大阪的仓库。在漕运比较便利的运河沿岸，大名们建造了大量的仓库。因为是以米为中心的经济形态，藩内收获的大米都被运至大阪换成现金。换言之，年贡米的多寡决定着该藩的经济力（早稻田大学图书馆藏《摄津名所图会》）

| 领主…… 希望增加年贡米 | → | 只要增加耕地面积即可 | ✕ | 战国时代已然结束，无法分割他人的领地 |

增加本藩的土地吧！
开拓冲积平原、湖沼、海滩

日本全国掀起新田开发热潮=挑战自然的时代

不仅如此，由于参勤交代及御手传普请[1]所需要的花费，导致诸藩的财政都非常严峻。可以说，上述支出是为维护自己作为大名的地位而必不可省的身份费用，换言之便是必要成本。对此，我在拙著《武士的家计簿》中已有论及，武士要继续为武士换言之便是为维持身为武士的"体面"，需要付出符合其身份、地位的成本。该成本牵扯到衣食住行的各个方面。尤其是领主阶层=大名们按照幕府规定，需要承担参勤交代及御手传普请等"义务"，其花费就更加庞大。

按规定，武家的收入由石高决定，为增加收入，他们唯有通过开发新田来增加石高。诸藩的领主们的面前也只剩下通过不断开发新田来支撑财政这一条道路可走。在此情况下，17世纪的日本展开了猛烈的改造开发自然的行动。至此时期，我们将其称为"环境破坏社会·江户"似乎也不为过。

上道郡冲新田的填海造田事业

冈山市儿岛湾沿岸面积广袤的农地——冲新田也是在上述新田开发过程中开辟出的新田之一。17世纪末的元禄

1　御手传普请：丰臣政权及江户幕府命令诸大名进行的大规模土木建筑工程。——译者注

四年（1691年），冈山藩主池田纲政为加强财政基础，计划进行大规模的新田开发。在开藩之祖池田辉政时代，冈山藩统领姬路52万石，至其子利隆时代减至42万石。

之后利隆之子光政接任三代藩主之际，因为光政年纪幼小，幕府认为他尚不足以担任姬路这样的大藩藩主，故将池田家减封为鸟取32万石，后来又改封为冈山，石高为31.5万石。石高由52万石大幅削减至31.5万石，又不能通过大量解雇藩士来弥补被削减的部分，藩的体制也一直维持着52万石的状况，故而，藩的财政吃紧也是在所难免之事。

事实上，冲新田农地是江户时代通过排水开垦的方式建造出来的当时国内最大规模的新田。通过填海造田建造的新田面积约为1900公顷，南北4000米，东西5000米。大量的农民从周边农村移居至此，形成了新的村庄。

在战国时代末期，儿岛湾就已然开始通过排水开垦（日语写作"干拓"）的方式建造农田。最先在儿岛湾填海造田的，是战国时代的冈山城主宇喜多秀家。宇喜多于天正十年（1582年），学习丰臣秀吉水攻备中高松城之际修建堤防的技术，将其活用于排水开垦，修筑被称为"宇喜多堤"的堤防，排水开垦海滩。全国各地的领主们灵活运用战国时代大兴筑城之际习得的土木技术，不断将之前无法开垦的冲积平原、湖沼、海滩等开垦为耕地。

所谓"干拓"便是其字面意义的"排干后开拓"之意，具体做法是在平浅的海滩上建起堤防将水面与陆地隔开，慢慢将其中的水排出去，使其成为陆地。元禄四年，受藩主池田纲政之命承担此项任务的，是冈山藩士津田永忠。津田自上代藩主光政时代便致力于新田开发，作为一名技术官僚，他在仓田新田、幸岛新田的开发过程中也做出了很大贡献。

翌年即元禄五年，津田担任工程指挥建筑的拦截海水的堤坝全长达到了6518间（约11.9千米）。而据详细记载，参与堤防建筑工程的作业人员共计103万8867人，消耗的费用为大米2万679石2斗7升9合，白银964贯817文目6分5厘。

如今，虽然该堤防高度、宽度都有增加，且几乎都通过水泥及沥青进行了加固，但昔日的样貌仍有留存。海面小岛鸠岛正北方的堤防的内陆一侧有一角被称为"左源太塚"。左源太是津田永忠的通称，此处立有为颂扬津田功绩的"冲新田沐德怀恩碑"等石碑。"左源太塚"入口处建有一对石柱，据石柱上所刻的铭文记载，该石柱是津田等开展排水开垦工程以来，长期使用的排水用的水门（樋门），明治三十九年（1906年）迁筑至此，将其作为表彰津田的石碑的注连柱[1]。该石柱上至今仍有架起隔断水门的

1　注连柱："注连"指的是为了表示土地所有权或限定地域而立起的木条或拉起的绳子。"注连柱"是挂绳子的柱子。——译者注

板子（樋板）的沟槽。

儿岛湾的开发在元禄时代达到最高峰。当时的国绘图中详细描绘了海水不断被排干、变成新田的情景。从周边的村落共有900户、5500人迁居，至元禄五年完成冲新田。新田在诞生两年后的元禄七年，便有了200石的大米收获量。正是上述新田开发支撑着冈山藩贫弱的财政。冲新田的排水开垦工程作为日本大规模的排水开垦先驱，得到高度评价，当地也将其作为乡土学问的一环，代代讲述给本地的学童们。

事实上，积极进行新田开发的并非只有冈山藩一藩。宽文十年（1670年）至十一年，在德川幕府的资金援助下，位于下总国（今千叶县）名为椿海的湖泊也被排水开垦，变身为广袤的新田。排水开垦工程共计发动了8万人参加。另外，位于当时被认为是水田耕作最北限的津轻地区的岩木川流域也出现了大规模的新田农村。

大地震与海啸的严重灾害

通过大规模的新田开发，江户时代实现了长期的经济增长。然而之后，却发生了一件强烈动摇国家的事件。

那便是宝永四年十月四日（公历1707年10月28日）发生的宝永地震。当日下午两点左右，以知名的大规模地震带南海海槽（从远州滩冲与纪伊半岛至四国冲的海沟带）为震源地，发生了巨大的地震。原本人们推测其震级为8.6级左右，然而最近通过与震级为9级的东日本大地震比较，出现了推测宝永震级为9.1—9.3左右的新观点。

此类大地震还会再度袭击日本，在考察此时期及地震能量之际，震源地尤其是震源地两端的静冈县与爱媛、宫崎县留存的地震史料尤为重要。此事与国民的生命密切相关，因此虽力量有限，但我计划将调查地震古文书作为自己毕生的工作。如诸位读者有地震相关的古文书，请务必知会与我。

总之，由于此次日本史上最大级的大地震，东海至西日本一带遭遇了极为剧烈的震荡。东海、近畿、中部、四国各地房屋倒塌尤为严重，灾害甚至波及了北陆、山阳、山阴、九州等地。据史料《浪速之震事》记载，当时人口约为三十六七万的大都市大阪共有1061栋房屋倒塌，564人死亡。

更为严重的是，地震发生后随即在太平洋形成的海啸很快抵达纪伊半岛及四国沿岸一带，带来了毁灭性的灾难。伊豆半岛西岸也遭受了严重的毁损。据记载，伊豆下田遭到推定浪高为5—7米的海啸袭击，920户人家中有857户被海啸卷走，11人溺水而亡。袭击纪伊半岛东岸的海啸据推定为5—10米，德岛沿岸为5—7米，受灾严重。而有记录最严重的灾害出现在高知沿岸，因地震倒塌房屋约5000户，随后又因海啸卷走约1200户，死者、失踪者共计达2800人。

海啸不仅袭击了外海，甚至波及了现在大阪湾至濑户内海一带的内海。地震发生约两个小时后，海啸抵达大阪湾。据史料《地震海溢考》记载，涌入大阪湾的海啸沿着堀川逆流而上，冲走船舶与桥梁，大阪因海啸导致的死者达到约7000人。比起地震，海啸导致的灾害更为严重，在这一点上，宝永地震与前面提到的东日本大地震完全一致。

纪伊水道旁边的德岛县海阳町至今仍留有能够显示宝永海啸能量之大的遗迹。在一座略高的、能够俯视大海的山丘上建有一座浅川观音堂，为祭奠海啸的死伤者，该观音堂中供奉着一尊地藏菩萨，其土台上所刻的碑文有如下内容：

> 比大海高九米的巨大海啸呼啸而来，攀升至借户坂的山脚下旋即又急速回撤。（中略）房屋一间无存尽数被卷入海底，男女老幼一百四十多人溺死。

尽管冲新田所在的冈山市位于濑户内海的内湾，然而也未能躲过海啸。昭和二十八至二十九年（1953—1954年）

编纂的《改订邑久郡史》所收录的神崎村的相关记录中，有观测到"比往常之潮高五尺"即约1.5米海啸的记载。

由于排水开垦的新田低于海平面，即便潮位只是略有上涨，也具有很大的威胁性。从当时的记录中可知，地震也给新田带来了很大的影响。上文提及的《改订邑久郡史》中收录的《平岛家日记》记录了当时的情形——"大地震撼动新田，百姓尽皆惶惶然"。

政田民俗资料馆收集、展览有冲新田的民俗资料，我们在策划电视节目及本书之际曾多次采访该馆管理员安仓清博先生。安仓先生表示，根据资料记载可知，在昭和二十一年（1946年）发生的南海地震中，冲新田的建筑物受到严重损毁。在排水开垦地上建造建筑物就如同建造在布丁上，以此类推，宝永地震之际或许也如南海地震一样，曾遭遇过严重摇晃，出现过液体化受灾。宝永地震、海啸之后，排水开垦的局限性更加明确，这一点我们在后面会有详细叙述。冈山藩新田开发的步伐放缓下来。在此时期，江户人目睹了自然的力量，感受到了开发至上主义的危险性。

环境破坏与自然的报复

当前的研究表明，宝永地震及大海啸造成全国至少两

● 宝永地震——见识到自然的威力

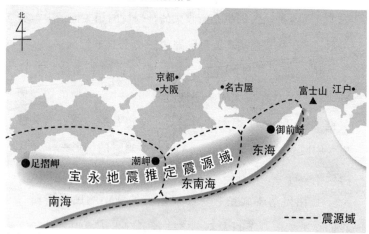

宝永四年（1707年），东海至西日本一带受到大地震的袭击。地震发生后随即形成的海啸不仅给纪伊半岛、四国沿岸带来了毁灭性的灾害，还波及了大阪湾至濑户内海一带的内海

德岛县海阳町的浅川观音及抄写了其台座上所刻碑文的匾额。其中心目的是供养在宝永地震引发的海啸中的牺牲者，向后世传达海啸的危险性。观音堂建于一座略高的山丘上，向下俯视周边林立的住宅及稍远处的大海，仍可真切感受到海啸的迫力（摘自《南海地震 德岛县的地震、海啸碑》/德岛县危机管理部南海地震防灾课提供）

> 低于海平面的排水开垦田受灾严重，建筑物倒塌
> 海啸沿河逆流而上，导致大阪死难者众多

万多人失去生命，因地震倒塌房屋六万户，因海啸卷走房屋两万户。毫无疑问，这是有史以来最严重、规模最大的灾难。

在死难者、失踪者约为两万人的东日本大地震中，我们再一次真切感受到了地震与海啸的恐怖之处。想必当时的人们也从宝永地震与海啸中感受到了无边的恐惧。

回顾历史，我们会发现，战国时代以前的日本社会信仰神佛，是被自然所包围的未开发社会。软弱无力的人类只能崇拜神佛，按照自然赐予的状态生存下去。而以战国时代为转折点，人类逐渐开始相信自己的力量，走向人力能够对自然产生作用的文明社会。通过排水放干大海、通过治水工程改变河流走向的新田开发便可谓是人力改变自然的典型事例。进入江户时代，日本人强行制服了自然。

江户时代经常被用来与物质文明极度发达的现代进行对比，并由此被誉为与自然共生的环保社会。而事实上，直至江户前期的元禄时期，情况都完全相反，它是一个与环境斗争极为激烈的社会。都市化的进程导致木材需要量增加，为此，山地中木材的滥砍滥伐现象多发，而通过畲田农业扩大耕地的做法也导致山林荒废。随着生活水准的提升，薪炭需求量增加，同时由于矿业及盐业等产业的发展，导致森林遭到过度破坏。

面对此状况，当时就已然有人指出了过度开发的危险性。实际上当时，不合理的新田开发过程中如影随形的水灾、塌方等报复性灾害也的确频繁发生。日本是多山国家，水流湍急是河川最大的特征，而破坏森林导致下游地区洪灾频发。在此背景下，幕府于宽文六年（1666年）颁布法令《诸国山川掟》，限制对河流及其沿岸的开发，培育草木，以图防御河流下游的洪灾。然而，让人意想不到的是，大自然以宝永地震及大海啸等人类智慧无法抗衡的形式对人类的任性做出了回应。而当时的人们则以极为被动的形式深刻地认识到了不合理的开发所伴随的巨大风险。

上述事态与战后日本的情景极为相似。战后日本通过经济高速增长跨入工业先进国行列，而其"成长"的背后却是日益恶化的环境破坏及公害频发，人们由此被动地认识到了极端发达的物质文明所具有的负面因素。

事实上，宝永地震的四年前即元禄十六年（1703年），以房总冲为震源地沿着相模海槽，发生了推定震级约为8.2级的元禄地震，给江户及相模等关东地区带来了巨大的灾难。而宝永地震发生49天后即同年十一月二十三日，富士山大面积喷发，导致山麓地区很多房屋倒塌、烧毁，火山灰甚至飘至遥远的房总半岛。

由于上述频发的灾难，自南北朝时期便逐渐开始、至江户前期达到顶点的"人类支配自然"的人类史潮流一时在此遭遇了挫折，在此之前一直致力于开发与提高生产力的江户社会走到了重要的转折点。

走向富足农村

　　那么，作为自然威力的象征性事件，宝永地震及海啸给之后的社会带来怎样的变化呢？有一份统计记载了自战国时代至幕末期间新田开发的次数（出自木村礎《近世的新田村》，吉川弘文馆）。据此记载，17世纪新田开发次数呈直线上升状态，而进入18世纪，宝永地震期间，新田开发次数呈下降线状态。日本全国的耕地面积在16世纪末约为200万町步，18世纪初为300万町步，19世纪后半期增加至400万町步，其中18世纪末期增长率明显放缓，可知此时期耕地扩张呈现停滞状态。

　　由于耕地面积增加速度放缓，导致人口也相应下降。历史人口学家鬼头宏的研究表明，17世纪初至18世纪初，日本总人口迅速增长了约两倍，而自18世纪前半期至18世纪末，反而减少了4.5%（18世纪末至19世纪中叶约有8.5%的增加）。这与当前的状况异曲同工，都可谓是低增长时代。那么，在低增长时代，人们的生活有何变化呢？

　　在此时代，北陆之地有一位名为鹿野小四郎的村吏，非常热心于农业生产。鹿野生于加贺国江沼郡吉崎村（加贺市）的一个贫农之家，在大圣寺藩被提拔为大村长。在其晚年的宝永六年（1709年），鹿野为子孙遗下一部全五卷的农书（农业指导书）《农事遗书》。该著作是如实描写彼时北陆地区农业实态的珍贵史料，同时还以“田地的翻耕最好不太早。尤其是雪融较晚的年份，早耕极为不好”的形式，基于自己的实际经验，记录了自己在田地的耕种方法、肥料的施法、病害虫的处置方法及稻子的收割方法等科学农业方面的心得。

面对领主不断增加年贡的要求，当时的人们为了确保自己的份额，只能努力提高生产量。鹿野小四郎认为，农业是没有限度的，在其著作中有如下内容：

农业之益不可估量。万物皆有限度，然农业乃是从土地中产出物品，方法得当则无有限度。（《农事遗书》）

18世纪以降，人们追求农业的效率，很多农业书籍在全国各地得到普及。而且，农民不仅从农书中学习知识，同时还致力于改良农具。学习农书，改良农具，实施一年两茬的耕作模式，经过农民的多方面努力，单位面积的生产量开始增加。17世纪每反[1]约一石的大米收获量在18世纪

1　反：土地面积单位。1町的十分之一（约为10公亩）。现在为10垄或300步，太阁检地之前为360步。——译者注

以降最多增加至两石。

而伴随着农书的普及，"读写"能力也逐渐渗透至农村。人们为了掌握阅读农书的能力而到寺子屋学习读写。江户时代，日本庶民的识字率即便在世界范围内也是非常突出的。教育的普及与识字率的提高给人们的生活也带来了很大变化。在各地，将地域联结在一起的"讲"不断提高相互扶助及自治的机能。

出羽国村山郡的村民们于宝历十二年（1762年）所作的题为《念佛契约讲年代鉴》的记录账簿至今仍有留存。其中记载有天气、年成、市场、灾害、暴动、政治、对外关系等与人们生活相关的所有信息，可知它曾为村民们共有。18世纪以降，日本各地的农村有通过收集、积累、共有信息，提升村子的自治力，提高人们生活质量的倾向。

进入低增长时代以降，不仅幕府的政治，人们的生活也发生了很大变化。在此世代，正如领主们无法扩张自己的领地，农民也无法继续横向扩张耕地的面积，因而，人们开始转换思路，努力谋求在小面积的农地中生产出更多的农产品。学习科学的耕作方法，改良农具，实施一年两茬的耕作模式，人们尽一切所能提高生产力，以增加自己所得的份额。换言之，在有限的土地资源及人力资源条件下，人们通过创造性构思来追求致富之道。昭和之前的日

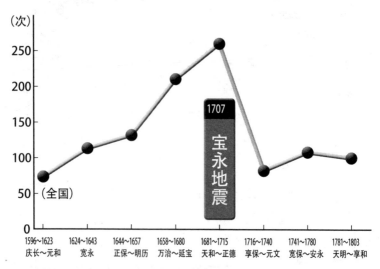

● 新田开发的刹车器——与自然的共存

（次）

1596~1623	1624~1643	1644~1657	1658~1680	1681~1715	1716~1740	1741~1780	1781~1803
庆长~元和	宽永	正保~明历	万治~延宝	天和~正德	享保~元文	宽保~安永	天明~享和

1707 宝永地震

（全国）

自江户初期开始一直急速上升的新田开发次数，以宝永地震为转折点，转为急速减少。在耕地面积方面，也明显进入低增长时代

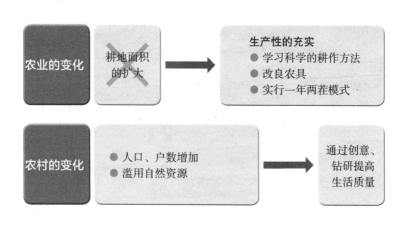

农业的变化　　耕地面积的扩大　　→　　生产性的充实
● 学习科学的耕作方法
● 改良农具
● 实行一年两茬模式

农村的变化　　● 人口、户数增加
● 滥用自然资源　　→　　通过创意、钻研提高生活质量

本农业基本形式"小面积精作"——即在小面积农地中投入多到令人惊讶的肥料与精力——自此逐渐成形。

上述精细的农业耕作方式要求农民具备一定"知识"。除非农民既勤奋又头脑聪敏，否则，从小面积耕地中收获大量农产品是不可能的。这是若不聪敏便无法进行的农业。因而，农民们为了提高生活质量，积极努力"学习"，掌握读写及珠算能力。农民们通过提高识字率，甚至能够制作选举村吏、提起诉讼之际所需的复杂文件；通过阅读书籍，拓宽了知识及娱乐的范围。

在此时期，即便是普通的农民也可能会拥有相当数量的藏书。农民中甚至出现了像前文提及的鹿野小四郎一样创作农书、记录地域历史的知识分子。

教育水准的提升及高居世界之首的识字率提高了生活的质量及充实感，使得农村社会日趋"成熟"。而这又为江户时代后期绽放出美妙花朵打下了坚实的民间社会基础。

若将其代入现代社会，我们可以说，实现了长期直线上升的昭和相当于"元禄"，之后泡沫经济破裂后的平成低增长时代则相当于"宝永"。宝永以降，江户的人们在被赋予的资源范围之内，不断努力去发掘与其所获得的资源量对等的充裕，我认为，经历了昭和"元禄"、生活于平成"宝永"的现代人，还有很多事情可以从实现了上述

● 走向成熟社会

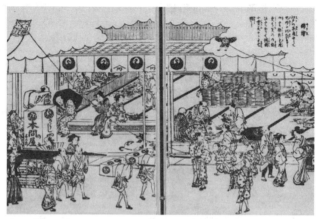

《江户名所图绘》中所描绘的书店。虽然江户中期进入低增长时代，但出版量却有了飞跃性的增加。且读者对象不再局限于支配者阶层，而是广泛渗透至一般庶民。拥有大量藏书的农民也不在少数，大村长中甚至出现了藏书数千册的人（国立国会图书馆藏）

寺子屋
农民致力于提高识字率、学习农业技术、增加收成，而其勤奋也体现在对子弟的教育方面（渡边华山《一扫百态》，田原市博物馆藏）

从大灾害导致的灾难中吸取教训，实现了富裕的生活

价值观的巨大转变

从量的扩大转为质的充实

思想转变的德川社会学习。

此时期的江户社会力图实现"从量的扩大转为质的充实"的价值观转变，日益发展为稳定的成熟社会。直至幕末之前，富裕的农村社会都是江户时代的基础，而其原型便是形成于此时期。

正因为身处经历了东日本大地震这个前所未有的灾难并因此导致价值观的转变成为众望所归的当今，关注德川社会所经历过的价值观大转换才具有重大意义。

经历了宝永地震与大海啸后，江户时代开始谋求向适合低增长时代的、稳定的成熟社会转变，如果读者读完本章能够明了这一点，我将不胜欣慰。

那么，是什么支撑起江户时代的泰平盛世？支撑起江户时代经济高速成长的"德川和平"的根源该从何探究？下一章我们将回溯至江户时代初期，寻求上述问题的答案。

第四章

岛原之乱·"战国"的终结

1637

即便对于领主一方，凭借武力实现的恐怖支配也会带来重创。了解了这一点，才迈向了尊重生命的社会。

转折点◎岛原之乱

岛原阵图屏风（秋月乡土馆藏）

　　上一章中，我们回顾了江户时代社会以宝永地震及海啸为契机、进入低增长时代并转变为与之相适应的稳定成熟社会的过程。通过转变价值观，以无节制的开发及自然破坏为前提的经济高速增长期宣告终结，江户时代和平的基础即富裕的农村社会就此形成。想必各位读者对此已有了解。

　　本章中，我想要考察是什么支撑起江户时代的"泰平盛世"。众所周知，江户时代之前，自战国时代至安土桃山时代（织丰时代），日本经历了将近150年的战乱。德川家康经过关原之战、创立江户幕府乃是庆长八年（1603年）之事。身为武家政权的江户幕府通过发挥作为公权力的统治机能，终结了大名们为争夺领土不断发动战争的战乱时代。

　　然而，真正意义上的和平并非仅凭此一点便得以实现。乍一看上去，时代的变化似乎经常骤然发生，然而社会整体的根本存在方式却绝非一朝一夕便可改变。虽说家康所率领的东军在关原战胜了西军，或者说丰臣家在大阪之阵中覆灭——当然，这是一个重要的契机——，社会变动却并非因此而一举发生。

　　那么，"德川和平"是如何实现的？本章将回溯至江户时代初期，找寻该问题的答案。

　　本时代的转折点是宽永十四年（1637年）的岛原之乱

（岛原、天草起义）。岛原之乱是发生在九州的岛原、天草的大规模农民暴动，同时还具有由基督徒发动的反体制武力斗争的一面。它堪称是江户时代史上最后一次内乱。此事件以降，直至幕末，日本开始享受长达230年的"德川和平"时光。

接下来我们首先考察一下时至岛原之乱的政治过程及时代状况。

德川时代拉开序幕

庆长八年（1603年），在江户建立幕府后，德川家康对在关原之战中跟随德川一方的大名们论功行赏，赐予他们新的领地；而对参与西军的诸大名，则以改易、削封等形式给予严厉处分。关原之战刚结束之际，家康没收的知行高¹达到415万石之多，再加上减知即削减的知行高，共计多达622万石。这个数目约相当于当时全国石高的三分之一。同时，家康将68家亲藩、谱代大名部署在畿内周边，而曾拥有220万石领地的丰臣家则被降为66万石的地方大名。

在庆长二十年（元和元年，1615年）的大阪夏之阵

1　知行高：江户时代，所领地的俸禄，是主君向武士课以军役的基准。战国时代以"贯高"表示，江户时代则以"石高"表示。——译者注

中，丰臣家覆灭，即便翌年家康去世之后，幕府对诸大名的处分也并未停止。自第二代将军秀忠至第三代将军家光的时代，为稳定幕府权力，一直贯彻抑制大名权力的基本方针。

　　其具体措施如下：如大名流露出反德川的倾向或有怀疑德川统治能力的不端行为，幕府会立即毫不留情地予以严厉处分。没有后继者=继嗣也会成为处分对象。处分措施具体有没收知行的改易、更改领地的传封（国替）等，即更改大名的配置。受到改易=御取溃[1]的处分，理由最多的是没有继嗣导致的御家断绝。大名家没有后继者或者后继者不稳定，这个情况本身就认定为对赋予其统治权的幕府权力的失职，抑或说是履行义务不善。我们在第三章中提及的池田家便是因为后继者年纪幼小，被命令"国替"至一个石高较小的藩，此类例子不在少数。

　　自家康至第三代将军家光为止的约40年时间里，全国共有130位大名受到改易的处分。据信没收的领地达到1400万石，这些没收的领地被重新分配给德川一门及谱代大名。之所以能够施行上述对大名的管制、处分，前提是德川将军家是日本最大的、拥有绝对武力优势的公权力。所有人都清楚，如果不遵从上述处分，则会遭到幕府武力讨伐。前面我们也已提及，以武力为背景的权威即"武威"

1　御取溃：江户时代，幕府命令断绝大名及旗本的家系，没收其领地的处分方式。——译者注

才是幕府权力的源泉。德川政权正是通过将军的武力实现
了对全国的编排。事实上，德川将军确然占有绝对强大的
优势。全国共3000万石领地，幕府领与旗本领再加上亲藩
便支配着其中的1000万石以上，是最大的大名加贺前田家
100万石的十倍。如此，即便半数的国持外样大名同时发动
叛乱，幕府也能从容应对。德川最终之所以覆亡，是因为
从西洋引进新式兵器后，石高=军事力量=战斗力的等式不
再成立之故。德川的石高占绝对优势也是和平得以长期维
持的原因。除此之外，作为老中被赋予实权的谱代大名其
石高却并不大，实现了权力与战斗力的分离，故而，德川
的天下得以免于被家臣所夺取。

生濑之乱的凄惨事实

德川所推行的武力统治其对象不仅包括大名，也包
括庶民。"武力统治"一词说来好听，实际上就是暴力支
配。作为其暴力支配的象征性事件，我想给诸位介绍一个
发生在当今的茨城县大子町——当时被称为生濑乡——的
凄惨事件。即所谓"生濑之乱"或"小生濑村百姓起义"
事件是也。

常陆国（茨城县）的中、北部在整个中世都长期由
佐竹氏统治。关原之战之际，时任家长的佐竹义宣并未积

极参加东军，仅于战后对家康表明了恭顺之意。庆长七年
（1602年），幕府突然命令义宣"国替"至出羽秋田。
于是，义宣携人数众多的家臣团在三个月左右的时间里陆
续移居至秋田。然而，不言而喻，这个处分包含因其未积
极支持德川家而被施以惩戒之意，故而，领地必然会遭到
削减。如此一来，将全部家臣都带往秋田是不可能的。据
信，佐竹氏所统制的足轻等下级武士直接在领地的农村定
居、务农的人也不在少数。

　　而佐竹氏离去后，随即便由家康的第五子武田信吉担
任水户城主。翌年即庆长八年信吉因病离世，家康第十子
德川赖宣继任水户城主。庆长十四年，赖宣因国替移居骏
河、远江、东三河，家康第十一子赖房就任水户藩主。短
短七年内，领主数度交替，而一以贯之的是，就任领主者
皆为家康之子。水户藩距江户不远，如此任命体现了家康
及幕府对此地的重视。

　　水户藩的地理位置及历史沿革便是如此，而生濑乡则
是水户藩领地内的农村，被称为生濑之乱的农民暴动便发
生于此。事实上，有关此暴动只有后世记录留存，并无当
时的记录，因而其具体情况并不确定。暴动发生的时期也
有庆长七年、庆长十四年、元和三年、元和七年等数种观
点，尚无定论。

　　江户后期的水户藩士、当时知名的学者高仓逸斋在

其著作《探究考证》中介绍了本事件的相关诸说，并加以考证：

> 生濑乡的百姓早已对年贡心怀不满，并曾结党密谋杀害前来出差的代官、手代，然此阴谋被村中某名主秘密举报，芦泽伊贺率部赶来平定此事。百姓出现大量死伤者，避难离乡之辈亦为数不少，年代不明，只是据传乃是十月十日之事。其后，官吏对此管制放松，方逐渐返乡，继续做百姓之事。（《探究考证》，载《大子町史 通史编 上卷》）

同为江户后期水户藩士的加藤宽斋在其著作《常陆国北郡里程间数之记》中，对事件原委做了如下记载：

> 是年，有人自称来自代官所的官吏，来此征收年贡，农民如数缴清。然而，后又有人自称真正的官吏，催促缴纳年贡。虽告知其年贡已缴纳完毕，却并不予以相信。农民判定其假冒官吏将其杀死。如此，庆长七年壬寅十月九日黄昏，征将率部自水户出发奔袭小生濑村，不管男女老幼尽皆杀死。（《常陆国北郡里程间数之记》，生濑乱之由来摘自《大子町史 通史编 上卷》）

　　有关事情原委，流传的观点及传说较多，有很多至今尚未确定的因素。然而，生濑乡的农民们对德川家的官吏征收年贡怀有不满，发动了杀死代官的事件，因此受到镇压并出现大量死伤者，上述流程大致不错。之所以发生这样的事件，与村民们对新就任领主的德川氏怀有抵抗情绪不无关系。

　　另，旧小生濑村的世家大藤家世代相传的古文书中还记载有"一村之农民，甚至妻与子也尽皆遭杀害"的内容，成为小生濑村村民全部被杀害的证据。据说牺牲的村民多达550人，不难想象，彼时必定是称其为虐杀也不为过的凄惨情景。

　　上述生濑之乱仅在当地的传说及古文书中留有记载，水户藩的正史中毫无相关记录。然而，传说中村民们的避难所及遇害地至今仍被称为"地狱泽"，传说中村民们行乞过的山谷入口附近仍被称为"叹愿泽"，山谷中部传说中曾洗过血刀的地方至今仍被称为"拭刃泽"，传说中埋葬被杀死的村民的某些身体部位的地方至今仍被称为"耳塚"、"首塚"及"胴塚"，从上述称呼可知，德川家曾镇压、虐杀农民，这是毋庸置疑的事实。

● 小生濑村的斩尽杀绝——江户幕府初期的武力政治

江户时代初期，水户藩领地内的农村小生濑村，对征收年贡抱有强烈不满的农民们发动了暴动。对此，领主采取的制裁是斩尽杀绝该村人口。《生濑乱古迹》的地图中写有《首塚》一文，文中有"满村百姓之妻之子遑论男女，有生之人均被砍杀，在此挖坑埋葬"的内容

男女老幼大量的农民逃至深山藏身，然而最终均被杀死。该地被称为"地狱泽"，该地名沿用至今。标题《鏖地狱泽图》的"鏖"是"见死不救"之意（与上图均摘自《大子町史料别册〔1〕常陆国北郡里程间数之记》）

江户时代初期的领主为征收年贡，任意驱使百姓，如不能交纳年贡，或严刑拷问或掳为人质，均是常有之事

血雨腥风的战国习气、暴力与杀戮的习惯残留下来

奔向"德川和平"的助跑期间

　　生濑之乱这样的事件，任何时候、发生在日本的任何地方都不足为怪。人们多认为在江户时代初期，战乱之世已然过去，天下泰平已然实现。然而，此时期的天下泰平指的不过是领主与领主之间即大名之间不再发生战争。领主对领民施行的暴力依然存在。人们经常置身于暴力笼罩下。不仅是幕府，各地的大名为征收年贡也经常任意驱使领民，敢于反抗者则将其处死。

　　此时期年贡的征收方法与战国时代几乎完全一样。如不能交纳年贡，则将其逮捕加以拷问。如此之后仍不能交纳的话，则拆毁其房屋，令其卖废料交纳。另外，到了年贡交纳期，会先假定该村无法交纳年贡，将村长及村中有威望之人的女儿掳为人质，如该村如数交纳年贡，则予以释放。以现代眼光看来，此类暴虐恶劣的行为绝不应是政府及国家权力所为之事，而彼时却横行无阻。数以万计的杀戮毫不稀奇，民众发动起义的话则"一村亡所"，即不惜赶尽杀绝。一个血腥残酷的社会——这，便是江户时代初期的现实注脚。

　　时代稍向后推，宽永年间（1624—1643年），会津藩也发生了同样的事情。在松平家进入会津之前，身为贱岳七本枪之一的加藤嘉明担任会津40万石的领主，加藤家共有两代人担任会津藩主，二代藩主为嘉明之子明成。因为对苛刻的年贡极为不满，百姓们越级向藩直接上述。据说当藩主诘问家老"你治下的百姓们向我投诉说年贡过重，你怎么看"时，家老答曰"如到紧要关头，我会全部将其'抚斩'，不会有事的"。所谓"抚斩"，意思是像收割稻谷一般，见一个杀一个，赶尽杀绝。顺便提一句，我曾创作题为《左马之助殿军语》（《代表作时代小说 男与女掩藏的感情》所收录）的史传文学，讲述加藤家时代的会津藩。在阅读执笔资料的过程中，我深切地感受到宽永时期大名们是何等之残酷。

葡萄牙传教士路易斯·弗洛伊斯（Luis Frois）于战国时代终结的永禄六年（1563年）来到日本，他发现"在日本，杀人是非常普通的事情"。生命被轻贱至如此地步。即便是进入江户时代，至少在宽永年间之前的30年左右的时间里，领主仍可随意夺取领民的生命。而另一方面，领民百姓们一旦遭遇此类领主，也仍保有战国时代以来的彪悍气概，绝不肯轻易交纳年贡。

从这个意义上讲，虽说是泰平盛世，但江户时代初期领主与领民之间纷争不断，与真正意义上的"泰平"仍相距甚远，可以说仍是杀伐连连的境况。虽说丰臣覆灭、德川掌权，然而政权交接却绝非易事。近年，我们也经历过激烈的政权交替，然而对于彼时的民众而言，德川之世的到来是极为重大的变动，当前情景不可与之同日而语。领主斗争、争夺领地之后，新的领主开始其统治之际，领民们难免对新统治者怀有戒备心，因而战国时代，农民起义及谋求德政令的事件频发。

作为新统治者的德川，通过武力击溃各地大名，不断命令他们频繁"国替"。在此过程中，领民们的不安及戒备自然会进一步蔓延、加剧。在"德川之世"被逐渐接受的过程中，全国各地摩擦不断，冲突频发。

比如，在大阪之阵即将爆发之际，某地农民们大举纠集铁炮，不肯再交纳年贡。换言之，他们瞅准了因政权交替导致领主们立场不稳的时机，试图保护自己的权益。面对此状况，迫切需求军粮的德川方的大名们采取武力威胁领民，终于收取到了年贡。

不仅如此，在将军之职由家康传给秀忠、秀忠传给家光的过程中，也曾出现含有军事紧张气氛的不稳定状况。在德川和平真正到来之前，需要有一段可以称其为奔向泰平盛世的"助跑期间"。江户时代初期的约三十年便正可谓是助跑阶段。

何谓岛原之乱

在上述"助跑期间"，德川幕府巩固了以武力、武威统治全国的支配体制。领主阶层即诸大名屈服于幕府的武威，虽然在领地内拥有半独立的支配权，但在国家层面终究不过是德川的家臣，其身份定位是受德川将军委以当地支配权的地方统治者。民众作为受支配阶层，身处幕府及由幕府任命的大名权力之下，承受着作为支配阶层的武士、武家的暴力强权支配，痛苦不堪。

在此状况下，爆发了一件极具冲击力的严重事件，导致幕府不得不对自身的上述存在方式做出修正。即宽永十四年（1637年）发生的岛原之乱（岛原、天草起义）是也。

事件的肇端是十月二十五日，岛原藩大名松仓胜家的家臣、肥前国有马村的代官林兵左卫门等人遭到有马村百姓、基督徒村民的杀害。虽然岛原藩士当即前往镇压村民，却反被起义军压制，撤回岛原城。基督徒起义接连数日对岛原城发动猛烈攻击。

仅仅两日后，肥后国的天草地区（天草诸岛）也发生了基督徒起义。彼时统治天草地区的是唐津藩主寺泽坚高。天草的起义军包围了天草郡下岛的富冈城（熊本县苓北町），对城代三宅重利的军队发起猛烈进攻。

　　岛原半岛与天草诸岛合在一起，共有37 000名居民参加了起义。虽然多为农民，但以数十名浪人为首，包括海、船运者及商人、工人乃至女童在内的当地居民大半都参加了此次起义，这使得其明显不同于之后整个江户时代频发的其他百姓起义。

　　在起义的背后，是该地区长达数年的饥馑。而即便遭遇长期灾荒，领主们也仍对农民课以极重的年贡，在此状况下，农民长期累积的不满终于爆发了。本次起义又被称为岛原、天草起义，从称呼来看也可知是针对领主的农民起义，然而另一方面，也有人将本次起义视为遭到迫害的基督徒所做出的反抗，认为其具有宗教战争的性质。

　　事实上，本次起义未必得到了深受重税之苦的领民派的支持。甚至，还发生了强制要求在重税下挣扎的民众改信基督教、对不从者予以攻击的不可思议的现象。另外，对信仰比较虔诚的基督徒在遭到幕府迫害之际，有毅然决然选择殉教的倾向，说起来，基督教与武装起义在根本上是不应牵扯在一起的两种事物。然而，基督徒们还是发动了起义。之所以这样，是因为参加本次起义的基督徒多在秀吉以来推行的基督徒禁令中遭到压迫，被迫放弃了自己的宗教信仰，他们希望利用本次起义重新恢复基督教信仰，即所谓的"归回基督徒"。

前面我们已经提到，在此时期，整个社会仍根深蒂固地残留着战国的习气、杀伐的风尚、暴力与杀戮的恶习。因而，直截了当采取武装起义的方式向领主表达诉求并不稀奇。松仓氏及寺泽氏入主岛原、天草地区之前，此地的领主乃是知名的基督徒大名小西行长及有马晴信等，他们的旧臣成为浪人，广泛分布在该地区的各个地方，成为此次基督徒起义的领导层。

综上我们可以看到，农民阶层被课以重税，对此极为不满，对于作为新支配阶层出现的现任领主，浪人等旧武士阶层反抗情绪严重，上述两种情绪累加，导致岛原之乱具备了基督徒发动的宗教战争的性质，并最终导致其发展成为旷古未有的大规模起义。

武士付出的代价

岛原、天草起义军分别耗费数日攻打岛原城、富冈城，然而却是久攻不下。在此状况下，双方决定在岛原半岛南部的古城原城集结并固守该城。顺便提一句，原城是有马氏时代的城池，根据庆长二十年出台的一国一城令，被废城。

十一月九日，将军家光接到基督徒起义的报告后，当即决定派遣板仓重昌与石谷贞清前往镇压，同时命令彼时正在江户参勤的岛原藩主松仓胜家及丰后府内藩主日根野吉明返回各自的领地。另外，命令在江户的九州诸大名也返回自己的领地，协助攻打原城。

板仓与石谷于十二月五日抵达岛原，率诸大名集结的124 000人大军开始攻打原城，然而，却遭到起义军的顽强抵抗，并因此陷入困境。固守原城的起义军数量有两种说法，一说是23 000人，一说是37 000人。不管哪个是正确说法，从人数上来看，讨伐军都占据绝对优势，旧有马家的家臣及浪人们所率领的起义军巧妙地守卫住城池，使敌军无法靠近。终于，是年结束，宽永十五年的元旦，讨伐军发起总攻，然而，指挥官板仓受枪击阵亡，遭遇重大失败。

正月四日，幕府老中松平信纲及大垣藩主户田氏铁抵达原城并就任指挥官。信纲首先通过截断军粮的方式削弱守军的力量，随后于二月二十七日至二十八日断然发动总攻。终于，经过四个月的战斗，幕府讨伐军艰难地镇压了起义军。参与守城的起义军尽数被杀，甚至连妇幼也未能幸免。

而幕府一方也身受重创。讨伐军的死伤者数量共有两种说法，一是8000人，一是12 000人。按12 000人算，死伤者达到了讨伐军总数即12万的一成。不只如此，彼时武士约占全国总人口的一成，即不足150万。换言之，约100名

● 岛原之乱——何以成为最后的战乱

面对宽永十四年（1637年）爆发的岛原、天草大规模起义，德川幕府派遣了多达124 000人的讨伐军。起义军37 000人（一说23 000人）展开巧妙的守城战，坚持了很长时间，然而最终还是被幕府彻底击溃，尽数被杀，甚至妇幼也未能幸免（秋月乡土馆藏《岛原阵图屏风》中所刻画的原城中心的攻防情形）

幕府一方的损伤

- 讨伐军死伤12 000名武士（相当于全国武士的1%）
- 岛原、天草地区的领民锐减，农村荒废➡年贡皆无➡作为支配阶层的武士陷入困顿

教训 通过暴力迫使领民服从，必会付出沉重的代价

必须体恤百姓以避免发生叛乱
统治者必须具备"德行"

武士的素质得以改善

武士中便有1人在岛原之乱中死伤。

　　顺便提一句，我的祖先曾供职于冈山藩的支藩。当时，我的亲戚中有一位名为丹羽次郎左卫门的人，曾经骑着一匹秉性沉着的母马参加过本次战斗。有记录表明，被起义军的铁炮击穿手腕后，丹羽丧失了作战能力，无奈返回家乡，在有马温泉疗养。在此时代，尤其是西部地区的武士，几乎每个人都有亲戚或知交在岛原战死或受伤。岛原之乱中武士的死伤便是多到如此地步。

　　然而，更严重的问题还在造成严重死伤的岛原、天草起义之后。数量如此之多的领民同时死去，导致岛原、天草的人口锐减，农村在荒废之路上渐行渐远。对于幕府而言，这是一个巨大的教训。说到底其实是非常简单的道理，即如果过度杀戮领民，便会导致没有农民交纳年贡，如此，治理该地域的武士们也便无法生存。

　　要重新经营岛原、天草，增加人口势在必行。在此状况下，幕府发布移民令，以图从邻近诸藩向岛原迁移居民。而为了促进移民，幕府还采取减免领地年贡十年的措施。要重兴已然荒废的此地方，必须付出巨额成本。幕府及作为支配阶层的武士便为岛原之乱付出了巨大的代价。

爱民思想的萌芽与从“武断”到“仁政”

由于为岛原之乱付出的代价过于巨大，之后，幕府及大名们不得不对其治国的基本方针做出调整。以岛原之乱为契机，支配阶层深深地认识到，通过赤裸裸的武力、暴力粗暴地迫使领民服从自己，必然要付出巨大的代价。因此，支配阶层中开始产生了“爱民思想”。

该思想通常以“民乃国本”的说法来表达，简要说来便是，民众乃是来自上天的寄存人员。上天将他们寄存给将军，而将军又将其珍而重之地寄存在大名手中。因而，若是让民众遭到残酷对待，则将军大人无法跟上天交代。

比如，岛原之乱后，冈山藩遭遇严重的洪水灾害，家臣们为此惶恐不安。而藩主池田光政命令所有的家臣务必保护身为年贡负担者的百姓：

> 绝不可待百姓如牛马。如不珍视百姓，则必导致叛乱，随之便会被将军收回领地，如此，国将不存。（《池田光政日记》）

另外，光政还要求家臣们转换意识，从“乱世之忠”转换为“无事之忠”。有关光政的上述思想，冈山藩研究领域的专家谷口澄夫及早稻田大学名誉教授深谷克己已有明确论述。战国时代，勇猛无畏地冲锋陷阵，在主君的马前战死沙场，此谓"忠义"（"乱世之忠"），而在泰平盛世，具备统治领民的能力即作为武士应有的"德"，更为重要。这，才是泰平盛世的忠义（"无事之忠"）——光政的主张简要说来便是如此。在他的思想中，以德统治领民方是"当今"武士的正确做法。上述意识改革绝非一朝一夕之间完成的，然而以岛原之乱为转折点，时代意识明显发生了变化，这一点毋庸置疑。

将目光转向幕府政治，我们发现，通过此次岛原之乱，德川幕府清晰认识到了至今为止所推行的以武力统治即"武断政治"的局限性。说是"武断政治"，但正如我们前面所看到的，其本质可谓是暴力政治，岛原之乱清晰地昭示了其局限性。幕府意识到，只要继续推行"武断"，则与战国时代毫无差别，根本不能安稳生活。为稳固德川的统治，给天下带来泰平，必须想办法结束"战国"境况。由此，幕府得出一个结论：必须改变武士的状态。

武家政治的巨大转折

那么，经过岛原之乱，德川幕府是如何转换政策的呢？庆安四年（1651年），第四代将军家纲政权着手处理当时的严重社会问题——管束浪人。当时，秉承战国习气、无法融入新时代的浪人们耍横打人、扰乱社会秩序的案例时有发生。据说全国的浪人约有40万人。而心怀在战争中通过战功谋取功名的战国时代价值观、内心暗自期望再次爆发战争的武士也不在少数。

泰平盛世实现的"身份秩序固定化"确然给社会带来了安定，然而对于未能享受到其恩惠、被社会抛弃的人而言，或许唯有能够击垮、逆转身份秩序的战乱，才是唯一的"希望"。

当时，对泰平盛世心怀不满的阶层在社会上有着一定数量的存在，他们保留着战国时代的习气，威胁着社会秩序的稳定。上述浪人之所以大量存在，其主要原因在于幕府对没有继嗣的大名的"取溃"。大名遭到改易后，大量的家臣成为浪人，沦落到四处流浪的境地。

家纲政权试图改变上述大名统制策的弊端。在此之前，如果武家的现任家长在没有后继者的状况下卧床不起，为存续家系，会紧急收养一个养子作为其后继者，这种做法被称为收养"末期养子"，而幕府对此是严厉禁止的。然而，家纲政权通过放宽该限制，减少大名家的绝嗣，抑制浪人的形成。

除此之外，全市一齐揭露在市内耍横打人的旗本奴及町奴等“倾奇者”[1]，以图将他们一举清除。所谓“旗本奴”，指的是旗本子弟等青年武士，而“町奴”则是町人出身的、与旗本奴对抗的侠义之士。沦落为无赖之徒的他们同样也保留着战国时代的杀戮习气，严重威胁着在泰平盛世急剧发展的都市的治安。

随后继任的第五代将军纲吉试图推动施政方针发生更大的转变。

为统制武家，幕府出台了名为《武家诸法度》的基本法。该基本法以庆长二十年（元和元年，1615年）第二代将军秀忠发布的条款为滥觞，至第八代将军吉宗时代彻底完成为止，历代将军都对其进行了修订。

其第一条内容为“文武弓马之道，当专攻如嗜”，即以通晓“弓马之道”=武道为第一要义。在第三代将军家光时代，曾大幅增减、修订法令的其他条款，唯有对此第一条未做任何更改。

然而，纲吉将上述第一条修改为“应勉励文武忠孝，端正礼仪”。由此，纲吉更改了至今为止的武家价值观，不再将武道，而是将以忠孝、礼仪维持上下秩序作为第一要义。换言之，抛弃以往以武力治理天下的观念，代之以

1　倾奇者：读作“Kabuki mono”，意为装扮奇特、行为举止异于常人、思想脱离常识之辈。同时可写作“歌舞伎者”，即日本固有的演剧歌舞伎的演员。——译者注

●《武家诸法度》的修订——从未开化向文明的转换

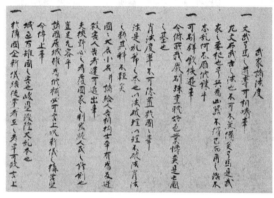

以第一条"文武弓马之道,当专攻如嗜"开篇的江户幕府初期的《武家诸法度》

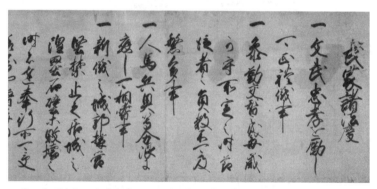

以第一条"应勉励文武忠孝,端正礼仪"开篇的第五代将军纲吉以降的《武家诸法度》(早稻田大学图书馆藏)

从认为即便诉诸武力、杀人也无所谓的日本人,转变为重视礼仪、珍惜生命的日本人,变化巨大

天下泰平的根基构筑完成

重视礼仪、维持上下秩序的观念。这是武士时代价值观的重大转折。

同时，纲吉不仅向武士推行上述新的价值观，庶民也是其渗透的对象。那便是《生类怜悯令》。该法令遭到严重误解，一直被视为恶法的象征。但实际上，它绝非只呼吁尊重犬类生命、只保护犬类的不正当法令。该法令中有如下具体条文：

> 不仅犬类，面对一切生类，人类均应以慈悲之心为本，怜悯体恤为要。（《御当家条令》）

从中可见，该法令的正确解释应为将军保护一切生物。并且，这并非是一个单独的法律，事实上它还包括不可以将老人带到舍老山上扔掉，不可放弃、放置甚至杀死病人及路倒等内容，可以说，《生类怜悯令》是耗时20年左右出台的多种救济社会弱势群体的法令群的总称。塚本学的名著《有关生类的政治 元禄民俗学》《生存近代史 从人命环境的历史出发》等对上述法令有详细论述，感兴趣的读者请务必参阅。

纲吉的根本意图是让人们怀有"慈悲"及"仁慈"之心。虽然他极为胆小，极度害怕打雷，但在学问方面，他的头脑及教养在历代将军中都是数一数二的。当时，幕

贞享四年（1687年）十月，宣告《生类怜悯令》
宗旨的纪要。因为"期望人人都形成仁心"，故
而不可仅表面遵从、实际"怜悯之志"淡薄。提
倡"应使人人发自内心地形成慈悲之志"（东京
都公文书馆藏《撰要永久录》）

从"杀戮支配"一百八十度转为"存命支配"

府官方认可的学问是儒学，纲吉在儒学方面拥有深厚的造诣，甚至达到了亲自开学讲义的水平。或许正是因为拥有上述复杂性格，纲吉才得以实现上述政治思想及价值观的巨大转换也未可知。

其结果便是，尊重"生命"的价值观在社会扎下根来。虽然纲吉被视为恶人"犬公方"，但事实上他是对德川和平做出巨大贡献的人物。从政治、统治角度来看，可以说正是纲吉实现了从"杀戮支配"到"存命支配"的巨大转折。也正是因纲吉推动价值观转向重视生命，德川和平方得以实现。

本书中多次使用"德川和平"这个关键词，但事实上和平来之不易。从和平的观点来看，从岛原之乱至纲吉治世期间，正是日本史上的一个重大转折点。或许我们可以称之为"从未开化向文明的转换"。

人们经常说日本在国体及价值观方面的最大变革是明治维新，然而我认为从某种意义上来讲，江户时代初期实现的上述变化比明治维新更为重要。在以保护民众为国家（政府）职责这一点上，明治以降及江户可谓是拥有相似价值观的两个社会，而战国与江户之间则有着不可逾越的鸿沟。

若能从更为长远的角度观察，历史会更加容易理解。比如镰仓时代有"狱前死人，不诉则不断"的说法，其意思是即便在官厅门前出现尸体，只要被害人家属不提出"请进行搜查"、"请抓住犯人"的诉讼，尸体便会被放置不管。这便是中世的法则。

然而到了江户时代，一旦有人遭到杀害，搜查便随即展开。历史剧中大家都熟悉的八丁堀的老爷（町奉行所同心）便会出动。虽然此时期对杀人事件展开调查并非出自人权意识，而是因为其会对幕府及大名的威望造成损害，然而毕竟此时期与中世之间有了天壤之别，这一点毋庸置疑。

促成"和平到来"的"尊重生命"

本书主要是考察江户时代构筑并维持天下泰平的过程，而本章主要关注的是自岛原之乱至《生类怜悯令》期间的社会巨大变革，相信诸位读者已然了解到，上述社会变革乃是其后泰平时期的根基。正因为此时期实现了"和平到来"，江户时代才得以克服数重危机、维持泰平盛世。

第三章中我们已经看到，虽然遭遇了宝永地震及大海啸，江户初期仍构建起成熟的农村社会，这离不开社会的和平及和平为有学识的农民所提供的努力环境。而在之后的天明大饥馑中，农村社会被逼入失败的深渊之际，幕府及藩转变为重视民政的方针，开始推行模拟福祉政策，支持民间社会。另外在与俄国的对外危机处理过程中，幕府通过酝酿保卫国家的锁国观念，终于成功守护住了其后江户文化绚烂辉煌的繁荣。

概观江户时代，我认为，支撑起长达260年的江户幕府的，最主要的便是江户人的心理状态。"德川和平"便是通过根植于江户人心理深处的"尊重生命"的价值基准方得以实现的。从这个意义上来讲，它对生活于当下的我们也有很大的启发。

通过本书，各位读者想必已认识到，终结战乱之世杀伐盛行的社会，扬弃仅追求经济效率的乱开发与环境破坏，转变为重视民政的政治并克服自然灾害，重新认识以对外危机为契机守护"民命"的价值观，上述一切均来自江户时代新发现、形成的"珍视生命"的价值观。

当今我们所生活的21世纪，从人类史、文明史的角度来看，似乎到达了一个顶点。然而另一方面，前所未有的大地震、海啸灾难及肉眼难以看到的核辐射等人类智慧无法克服的危险与不安也紧紧包围在我们身边，挥之不去。我深深地感到，我们需要从持续长达260多年的江户社会及形成并维持"德川和平"的睿智中学习的东西，还有很多。

更进一步说，不可仅仅关注眼前利益，这一教训也可以从江户社会的存在方式及"德川和平"中推导得出。

在江户时代，国家危机（自然灾害）及时代转折点以大致每百年一次的频率出现。而每逢此类关键时刻，我们的祖先江户人都绞尽脑汁、不惜牺牲，尽一切努力克服危机。

我很喜欢渡边华山"勿因眼前之利，忘却百年之计"（八勿之训）的名言。该警句的意思是如为谋求眼前的一时之利而忘记谋求百年之计，必将留下极为严重的祸根。当今社会充斥着无法轻易解决的严重问题，这是不争的事实。不仅是自然灾害，政府的存在方式也存在着很大的问题。

然而，虽说眼前我们面临着如此严重的问题，但我们绝不可失去百年之计即长远眼光。我认为，这是我们从超越数种危机的江户人的生存方式中所能学习到的最大、最好的教训。

参考文献

第一章

渡边京二 《黑船前夜——俄国、阿伊努、日本的三国志》（洋泉社）2010

渡边京二 《过往之世的面貌——日本近代素描Ⅰ》（苇书房）1998

森庄已池 《私残记——大村治五平的择捉岛事件》（中央公论社）1977

菊池勇夫 《择捉岛——制定出的国境》（吉川弘文馆）1999

秋月俊幸 《日俄关系与萨哈林岛——幕末明治初年的领土问题》（筑摩书房）1994

木崎良平 《漂流民与俄国——被北方黑船撼动的幕末日本》（中央公论社）1991

菊池勇夫编 《日本时代史19 虾夷岛与北方世界》（吉川弘文馆）2003

和田春树 《开国——日俄国境谈判》（日本放送出版协会）1991

第二章

藤田觉 《松平定信——挑起政治改革的老中》（中央公论社）
　　1993

藤田觉编 《日本时代史17　近代的胎动》（吉川弘文馆）2003

菊池勇夫 《饥馑社会史》（校仓书房）1994

菊池勇夫 《近世的饥馑》（吉川弘文馆）1997

渡边尚志 《浅间山大喷发》（吉川弘文馆）2003

竹内诚 《大系日本历史10　江户与大阪》（小学馆）1989

野中和夫编 《江户的自然灾害》（同成社）2010

村上直 《江户幕府的代官群像》（同成社）1997

岩手县立博物馆第59次企划展图录 《北方黑船》（财团法人岩手
　　县文化振兴事业团）2008

大石慎三郎 《天明三年浅间山大喷发——日本的庞贝镰原村发
　　掘》（角川书店）1986

第三章

高埜利彦编 《日本时代史15　元禄的社会与文化》（吉川弘文
　　馆）2003

大石学编 《日本时代史16　享保改革与社会变容》（吉川弘文
　　馆）2003

仓地克直 《全集日本历史11　德川社会的动摇》（小学馆）2008

安仓清博 《上道郡冲新田》（日本文教出版，冈山文库）2008

野中和夫编 《江户的自然灾害》（同成社）2010

小山真人 《富士山大喷发迫在眼前！》（技术评论社）2009

西山昭仁 《宝永地震（1707）之际大阪的震灾应对》（《历史地
　　震》第18期）2002

第四章

神田千里 《岛原之乱》（中公新书）2005

荒野泰典编 《日本时代史14　江户幕府与东亚》（吉川弘文馆）2003

高埜利彦编 《日本时代史15　元禄的社会与文化》（吉川弘文馆）2003

大石学编 《日本时代史16　享保改革与社会变容》（吉川弘文馆）2003

水本邦彦 《全集日本历史10　德川的国家规划》（小学馆）2008

堀新 《日本中世历史7　自天下统一至锁国》（吉川弘文馆）2010

《大子町史 通史编　上卷》（大子町）1988

益子公朋 《生濑乱考》（《大子町史研究》第8期）1980

深谷克己 《大系日本历史9　士农工商之世》（小学馆）1988

年　表

	日本动向		世界动向
1600	关原之战	1600	英国东印度公司成立
		1602	荷兰东印度公司成立
1603	德川家康成为征夷大将军		
1615	大阪夏之阵		
	制定《武家诸法度》《禁中并公家诸法度》		
		1618	三十年战争爆发
		1622	明朝白莲教之乱
		1628	英国权利请愿
1633	禁止奉书船[1]之外的船只出海，禁止在外五年以上的日本人回国		
1635	外国船只入港仅限长崎、平户。禁止日本人航行海外、		

1　有将军朱印及老中签发文书的特许船只。——译者注

	回国		
	参勤交代制的制度化		
1636	日光东照宫建造完成		
1637	**岛原之乱爆发（—1638年）**		
		1640	英国清教徒革命（—1660年）
1641	将荷兰人移往长崎、出岛		
		1648	《威斯特伐利亚和约》签订
1683	纲吉修订《武家诸法度》，尤其是第一条		
1687	第一次颁布《生类怜悯令》		
		1688	英国光荣革命
1690	德国人肯普弗来日		
		1701	西班牙王位继承战争（—1713年）
1707	**宝永地震、海啸，富士山喷发**		
1716	德川吉宗就任将军（开始推行享保改革）		
1717	擢用大冈忠相为江户		

	町奉行		
1722	奖励上米制、新田 开发		
		1740	奥地利王位继承战争 （—1748年）
1742	《公事方御定书》 完成		
1772	田沼意次成为老中		
		1776	美国《独立宣言》
1783	**浅间山喷发、天明 饥馑**（—1787年）		
1787	江户打砸事件 松平定信成为老中		
1789	命令幕领建设乡藏 向诸大名下达《围 米令》	1789	法国大革命
1792	拉克斯曼来航至根室		
		1796	清朝白莲教之乱
1804	列萨诺夫来航至长 崎，要求通商	1804	拿破仑即位称皇帝
1806	**露寇事件爆发**（— 1807年）	1806	神圣罗马帝国灭亡
1808	间宫林藏探查桦太 （—1809年）		

		1814	维也纳会议（—1815年）
1825	《异国船只驱逐令》		
		1830	法国七月革命

图书在版编目(CIP)数据

倒叙日本史.02,幕末·江户/(日)三谷博,(日)
矶田道史著;杨珍珍译.—北京:商务印书馆,2018
ISBN 978-7-100-16006-3

Ⅰ.①倒… Ⅱ.①三…②矶…③杨… Ⅲ.①日本—
古代史—江户时代 Ⅳ.①K313

中国版本图书馆 CIP 数据核字(2018)第 064901 号

倒叙日本史 02
幕末·江户

〔日〕 三 谷 博　　著
　　　矶田道史

杨珍珍 译

商 务 印 书 馆 出 版
(北京王府井大街 36 号 邮政编码 100710)
商 务 印 书 馆 发 行
北京新华印刷有限公司印刷
ISBN 978-7-100-16006-3

2018 年 5 月第 1 版　　　开本 880×1230 1/32
2018 年 5 月北京第 1 次印刷 印张 7⅜
定价:45.00 元